KB188386

깨닫는 마음의
환희(歡喜)

깨닫는 마음의 환희(歡喜)

류일형 지음

긍정적인 사고로 앎(知)을 실천하며 깨닫는 마음에
감화(感化)되는 소양과 지성!

좋은땅

책머리에 드리는 말씀

서재의 창밖에 찬란한 햇빛이 어둠을 거두고 새날을 여는 이른 아침에 몸과 마음을 가다듬고 복생어청검(福生於淸儉)과 덕생어비퇴(德生於卑退)의 의미를 숙고하며 묵상의 시간을 가집니다.

누구나 인생 여정을 통하여 복(福)과 덕(德)을 누리며 가치 있는 삶을 이루고 싶은 바람과 크고 작은 꿈이 있습니다.

그리고 하고 싶고, 되고 싶고, 갖고 싶은 것을 성취하기 위해 끊임없이 배우며 경험하고 익힌 앎을 실천하며 깨닫고 뉘우치는 마음으로 삶의 지혜를 추구합니다.

꿈과 목표는 긍정적인 사고와 배우고 익힌 앎으로 성숙한 인품을 키우며 원하는 것을 성취하기 위해 포기하지 않고 강인한 정신으로 현실에 충실하며 근면하고 성실하게 실천함으로써 성취할 수 있다는 믿음을 가집니다.

그러나 당면하고 있는 현실과 환경을 숙고해 볼 때 정도의 차이는 있겠으나 꿈과 목표를 바람대로 이루는 사람이 그리 많지 않다는 것에 대해 많은 아쉬움을 가집니다.

기회는 준비하는 자의 몫이며 결과는 무엇을 하든 끊임없이 추구하며 실천하고 이행하는 것을 멈추지 않는 자에게 주어지는 선물이라는 것을 깨닫고 뉘우칩니다.

　그리고 실천하고 이행하는 것을 지속하지 않는 자에게는 희망이 절망으로 변하며 실망과 좌절이 따른다는 이치를 숙고해 봅니다.

　원하는 것을 추구하며 실천하고 이행하는 노력 없이 이루어지는 것은 결코 없으며 우연하게 이루어지기를 바라는 것이 인간의 가장 큰 오류이고 교만이며 버려야 할 욕심이라는 것을 깨닫고 뉘우치며 마음에 새깁니다.

　원하는 것을 성취하기 위해서는 긍정적인 사고로 주어지는 현실에 충실하며 배우고 익힌 앎으로 정의롭게 판단하고 용기와 열정으로 역경을 극복하며 근면하고 강인한 마음으로 포기하지 않고 성실하게 실천하는 데 있다는 것을 직시합니다.

　그리고 평범함 속에 비범함이 존재한다는 긍정적인 사고와 배우고 익힌 앎으로 인품을 키우며 겸손하고 즐거운 마음으로 성실하게 실천하는 근면성을 추구합니다.

　간절한 마음으로 특별한 것보다 검소하고 소박하며 평범하게 할 수 있는 것부터 실천함으로써 바람대로 이루어지는 성취감에 감화되는 환희의 감정을 음미할 수 있을 때 더욱 자신감과 용기가 키워지며 열정이 샘솟습니다.

　즐거운 마음에 샘솟는 열정으로 배우고 익힌 앎을 실천함으로써 지성과 인품은 더욱 키워지고 성숙해집니다.

　근면하고 강인한 마음으로 성실하게 실천함으로써 이루어지는 것에 대한 가치의 소중함을 진솔하게 깨닫고 뉘우치며 겸손(謙遜)과 자각(自覺),

깨닫는 마음의 환희(歡喜)

사색(思索), 앎과 실천(實踐), 지혜(知慧), 현재(現在), 말(言), 아량(雅量)과 배려(配慮), 웃음(笑)과 미소(微笑)에 대한 것을 배우고 경험하며 익힌 앎을 필자의 패러다임에 접목하여 집필한 글을 모아 편집했습니다.

책을 편집하며 부족함에 대한 망설임을 숙고하며 능동적이고 적극적으로 실천하는 용기와 열정으로 마음을 다독입니다.

무엇인가를 이루기 위해 주어지는 기회는 그냥 내버려 두어도 저절로 자라 꽃이 피는 들판의 야생초와 다르다는 것을 마음에 새기며 긍정적인 사고로 끊임없이 추구하며 성실하게 실천함으로써 바라는 것을 성취할 수 있다는 믿음을 가집니다.

그리고 도(道)를 바르게 이행하고 정의롭게 실천하는 것을 숙고하며 도생어안정(道生旅安靜)의 소중한 의미를 마음 깊이 새기며 자각해 봅니다.

"삶의 목적은 행복을 추구하는 데 있다."는 고대 그리스의 철학자 아리스토텔레스(B.C. 338-B.C. 322)의 명언과 "할 일이 있고, 사랑하는 사람이 있고, 희망이 있으면 행복한 사람이다."라는 칸트(독일철학자, 1724-1804)가 말하는 행복조건을 겸허하게 수용하며 산수(傘壽)를 넘긴 인생 여정에 『깨닫는 마음의 환희(歡喜)』를 출간할 수 있는 현실과 심신의 건강을 주신 하나님께 감사를 드립니다.

그리고 건강하고 행복하게 서로를 보듬고 보살펴 온 사랑하는 가족에게 고마움과 감사함을 표합니다.

인간은 만물의 영장으로 군림하고 있지만 행복한 인생 여정과 성숙한 인품은 심신을 끊임없이 단련하고 수련해야 만들어질 수 있다는 믿음과 서로가 아우르며 함께 해야 하는 책임 있는 존재임을 깨닫고 뉘우치며 자존감을 가집니다.

사람을 감동케 하며 즐겁고 행복하게 만드는 교훈을 배우고 익히며 가치 있는 삶을 위해 무엇인가를 누군가와 함께해야 한다는 책임감과 자존감의 크기만큼,

늘 배우고 경험하며 성인과 선각자의 교훈을 익히고 실천하며 깨닫고 뉘우치는 마음의 넓이와 믿음의 깊이만큼,

강인한 의지로 근면하고 성실하게 실천함으로써 더욱 소중한 가치가 형성되며 만들어지는 결과를 즐겁게 누릴 수 있는 환경이 주어진다는 것을 마음 깊이 새깁니다.

글을 접해 주신 독자님께 조금이라도 보탬이 되었으면 하는 바람과 작은 밀알이 되었으면 하는 소망을 가지며 편집에 대한 충고와 고언으로 힘을 보태 준 지인과 친우의 노고에 감사를 드립니다.

집필하고 편집하는 동안 건강을 걱정하며 불편함을 참고 이해와 격려로 보듬으며 도움을 준 사랑하는 아내와 필요한 것을 도와주고 묵묵히 수용하며 편집과 원고 정리에 수고한 막내 승우의 효심에 고마운 마음을 전합니다.

柳日馨 拜上.

깨닫는 마음의 환희(歡喜)

품위 있는 삶, 아름다운 여정

사람이 사는 모습은 제각기 다릅니다. 많은 사람에게 존경받는 사람과 남에게 비판을 받는 사람, 자기 확신이 아주 뚜렷한 사람과 늘 다른 사람의 시선을 의식하는 사람, 어려운 이웃을 돕고 사는 사람과 남을 해코지하며 사는 사람, 주로 현실적인 문제에 신경 쓰며 사는 사람과 정신적이고 영적인 가치에 중점을 두고 사는 사람….

모든 삶에는 그 나름으로 이유가 있습니다. 그러나 그런 상황이 다 정당하고 가치 있는 것은 아닙니다. 사람은 사람됨에 따라서 그 가치가 좌우됩니다. 사람됨의 본질은 이런 데 있습니다. 사유와 언어의 가치, 인격적인 존엄성과 일상의 소중함, 더불어 사는 것과 어려운 이웃을 돕는 것, 삶의 유한함에 관한 인식과 영원을 그리는 마음 등입니다.

하나님께서 사람에게 주신 구원의 계시인 성경의 가르침에 따르면 하나님께서 사람을 창조하실 때 만드신 그 모습을 깨닫고 사는 것이 사람다움의 심장입니다. 하나님은 사람을 관계 속에서 사는 존재로 만드셨습니다. 가장 중요한 것이 하나님과의 관계인데 여기에서 사람의 본성은 예배

자입니다. 다른 사람과의 관계에서 사람은 동반자며 사람이 사는 주변 환경과의 관계에서 사람은 청지기입니다. 예배자, 동반자, 청지기인 사람의 본성을 깊이 생각하여 분명히 인식하고, 이를 내 삶의 중심 가치로 깨닫고 사는 사람의 삶이 품위 있고 아름답습니다.

류일형 선생님의 인생 철학이 담긴 귀한 글을 읽으면서 잔잔하게 깊이 다가오는 감동을 받았습니다. 이 책에 실린 글을 가만히 읽으면서 구약성경의 잠언이나 노자의 도덕경에서 받는 감동과 비슷한 심정을 느꼈습니다. 저자가 걸어오신 삶의 여정이 참 아름다웠겠구나 생각했습니다. 저자는 늦게 기독교 신앙의 길에 들어서셨고 지난해 말에는 집사님이 되신 분입니다. 그런데 이 책에 실린 내용이 기독교 신앙의 가치관과 어쩌면 그렇게 깊이 맞물려 있는지요!

사람이 사람다운 것은 깨닫고 사는 데 있습니다. 깨달음은 사유와 정신의 가치와 연결돼 있고 여기에서 얻는 기쁨과 환희는 여타의 다른 피조물에게는 불가능합니다. 겸손과 자각, 앎과 깨달음을 일상으로 살아 내는 일, 마음을 가꾸는 것과 말을 훈련하는 일, 정신의 강인함과 지혜로움, 타인에 대한 배려와 친절, 근원적인 긍정과 웃음의 가치 … 이런 것들이 성경이 가르치는 덕목들과 얼마나 어우러지는지 모릅니다. 류일형 집사님이 구체적으로 하나님을 알기 전부터 하나님께서 이분을 깊이 사랑하셨다는 확신이 들었습니다.

『깨닫는 마음의 환희(歡喜)』, 이 멋지고 귀한 책을 크게 기쁜 마음으로 추천합니다. 어떤 연배이든지 지금 이후의 삶이 좀 더 아름답고 가치 있

기를 바라는 분들에게 특히 귀중한 독서가 될 것입니다. 기독교 신앙의
가치를 일반적인 언어로 펼쳐 내신 저자의 수고에 깊이 감사드립니다. 류
집사님의 삶과 가정 가문을 축복합니다.

지형은 목사 (말씀삶공동체 성락성결교회 담임)

목 차

1.

겸손(謙遜)과 자각(自覺)의 향기(香氣)

인간은 불가사의(不可思議)하게 각양각색의 외적인 모습과 내적인 성품을 지니고 있다.

그리고 성격의 형성 과정도 다양하며 나름대로의 고유한 인격과 인품을 가지고 있는 위대한 존재이다.

이처럼 만물의 영장인 인간은 외적인 모습이 다양할 뿐만 아니라 내적인 성격도 온순한 사람. 거친 사람, 겸손과 자각의 향기가 있는 사람, 인품이 성숙하여 주위로부터 인정받고 존경받는 사람, 정치, 경제, 사회, 종교 등등 각종 분야에서 추앙받는 지도자와 그렇지 못한 사람들을 함께 아우르며 포용해야 하는 환경이 공존하고 있는 것이 현존하고 있는 사회의 현실이다.

종이로 만든 하찮은 바람개비도 바람이 없으면 혼자서 돌지 못하듯이 사람이 만물의 영장이라고 하는 위대한 존재이지만 주어지는 사회적인 환경에서 독불장군으로 혼자서 삶을 영위할 수 없는 현실을 부인할 수 없다.

그리고 추구하는 행복한 인생 여정을 위해 평생을 배우고 익히며 외적 내적으로 모자람과 부족함을 서로 보태고 나누며 협조하면서 함께 어울리며 살아가야만 하는 것이 사람의 근본이며 도리다.

사람의 근본과 도리에 충실하기 위해 현실에 주어지는 다양한 환경을 포용하며 일상을 꾸려 가지만 일반적인 상식으로는 이해하기 힘든 사건들이 많이 발생한다.

때로는 귀로 듣고 눈으로 보면서도 어느 것이 옳은 것이며 무엇이 잘못된 것인지 판단하기 어렵고 혼돈스러운 경우도 많이 접해지는 것이 사회의 현실이다.

사람이 만물의 영장으로 군림하는 위대한 존재이지만 일상을 통하여

깨닫는 마음의 환희(歡喜)

자신의 역량과 능력이 모자라고 앎이 부족한 경우도 있게 마련이다.

이러한 경우를 대비하고 해결하기 위하여 부족한 앎을 위해 배우고 익히며 모자라는 역량과 능력을 키우며 방법을 찾거나 다른 사람에게 도움을 청하고 상담하며 판단한 것을 선택하거나 전문가에게 위탁하는 경우도 있다.

이처럼 남에게 위탁하거나 남의 도움으로 판단하고 결정한 것을 실천하고 이행하며 만들어지는 결과가 좋든 나쁘든 모두가 자신이 감당해야 하는 몫이다.

선택과 판단이 잘못되어 만들어진 결과가 나쁜 경우 불평불만으로 남을 탓하거나 원망해 보았자 자신의 마음만 더 아프고 힘들며 괴로워질 뿐이다.

잘못된 것을 아무리 원망하며 괴로워해 봐도 마음의 상처만 더 깊어지며 불평불만 하는 것이 해소되거나 아픈 마음은 치유되지 않는다.

모든 것은 자신으로부터 시작되며 성숙하지 못한 자신의 마음으로부터 발생한다는 것을 깨닫고 뉘우쳐야 한다.

그리고 자신의 과거와 현재를 통찰하며 겸손하게 자각하는 마음 없이는 미래의 발전은 기대하기 어려워진다.

불평불만은 위만 보고 아래를 보지 못하는 모자란 생각과 겸손하지 못하고 교만하고 자각하지 못하는 인품이 부족함에서 발생하는 심신의 상태이다.

겸손한 마음으로 자각하며 불평 대신 긍정적인 사고로 위와 아래를 먼저 살펴보며 숙고하고 주위를 돌아보며 나이스(Nice)한 마음으로 변화시킴으로써 불평불만은 해소된다.

나이스한 마음이란 긍정적인 사고로 기분 좋고, 즐겁고, 멋진 생각을 가지는 것이며 이와 같은 마음을 가진다는 것은 불평불만을 없애 줄 뿐만 아니라 자신을 아름답고 성숙하게 만드는 동력의 원천이 된다.

벼이삭이 익을수록 고개를 숙이듯이 능력이 있고 겸손한 사람일수록 먼저 머리 숙일 줄 알고 자신을 낮추며 상대를 헤아리는 아름답고 성숙한 인품을 지니고 있다.

그리고 자신의 마음에 가지고 있는 문제를 스스로 자각하며 겸손한 마음으로 깨닫고 뉘우침으로써 문제는 풀리기 시작하며 방법과 길이 만들어진다.

힘들고 어려운 환경이 접해질수록 아집과 교만을 버리고 겸손한 마음으로 관계된 것을 통찰하며 진행 과정과 결과를 분석해 보고 숙고하며 자각하는 기회를 가져야 한다.

겸손과 자각하는 마음으로 부족함과 잘못됨을 진술하게 뉘우치며 자신의 앎을 위해 늘 배우며 익히고 성숙하게 인품을 키움으로써 추구하는 최상의 답은 만들어진다.

"사람이 교만하면 낮아지게 되겠고 마음이 겸손하면 영예를 얻으리라. (잠언 29:23)"라는 성경말씀의 가르침을 마음 깊이 새기고 겸손과 자각하는 마음의 향기에 대한 소중함과 언어의 의미를 음미해 본다.

겸손의 사전적 의미는 겸손할 겸(謙), 따를 손(遜) 자로 남을 존중하며 자신을 내세우지 않는 마음이며 태도이다.

그리고 자각의 사전적인 의미는 스스로 자(自) 깨달을 각(覺)의 한자로 현실을 생각하며 판단하고 자신의 입장이나 능력을 스스로 의식하는 마음이다.

깨닫는 마음의 환희(歡喜)

겸손과 자각에 의해 심신에 형성되는 현상과 미치는 영향으로 모든 것을 아우르는 것이 마음의 향기이다.

사람은 누구나 존귀한 가치관을 바탕으로 상호 존중하고 배려하며 살아가는 것이 기본이며 자신에 대한 인격과 존엄을 지키며 스스로 보호하려는 본능을 가지고 있다.

자신의 환경에 대한 불만은 위만 보고 아래를 보지 못하며 비교 우위를 점하려는 과욕으로 만들어지는 잘못된 마음의 현상이다.

자각하는 마음 없이 아래만 보고 위를 보지 못함으로 인하여 자신만이 똑똑하고 잘났다는 모자란 생각에 의해 만들어지는 것이 아집과 교만이다.

인간은 남을 먼저 높이며 섬기기에 앞서 남으로부터 섬김 받기를 바라는 마음이 우선되기 때문에 먼저 자신을 낮추며 상대방의 입장을 헤아리고 스스로 잘못됨과 모자람을 돌아보고 뉘우치며 깨닫는다는 것은 그리 쉽지 않다.

자신의 생각과 마음은 자신만이 관리하며 제어할 수 있는 자신만의 유일한 권리이자 의무이며 책임이라는 것을 마음에 새기며 겸손과 자각하는 마음의 역량에 의해 변화되는 현상과 아집과 교만에 의해 만들어지는 현상을 숙고해 본다.

겸손과 자각하는 마음의 역량으로 변화시킬 수 있는 것이 자신의 아집과 교만이다.

일상을 통하여 아집과 교만한 마음을 가지는 것은 대인관계를 실패로 이끄는 선봉장이며 인간관계를 잘못됨으로 유혹하는 경고이며 적신호이다.

아집과 교만은 다른 사람의 입장이나 의견을 고려하지 않고 모든 것이 자기중심적이며 자신만이 옳고 잘났다는 좋지 못한 생각에 의해 매사를 잘못되게 만드는 근원이 된다.

겸손과 자각하는 마음을 가진다는 것은 스스로 남보다 더 똑똑하고, 잘났고, 우월하고, 더 많이 알고, 더 특별하고, 자신이 더 중요하고, 더 잘할 수 있다고 자만하며 교만하지 않는 것이다.

그리고 겸손함과 자각함이 없이 남을 비웃고 폄하하거나 자만으로 남을 가르치려 하는 것은 잘못된 생각이며 교만의 극치이다.

천상천하(天上天下) 유아독존(唯我獨尊)의 의미처럼 세상에서 오직 자기 자신만이 제일 똑똑하고 잘났다는 오만한 생각으로 주위의 환경을 고려하지 않고 안하무인격으로 행동하는 행태는 아집과 교만한 사람의 잘못된 대표적인 모습이다.

이와 같은 행태의 사람은 모든 것이 자기중심적이며 편협된 좁은 생각으로 인하여 전체를 아우르며 넓고 깊게 보지 못한다.

그리고 사물을 정의롭게 바라보는 안목이 흐려지고 자기중심적인 편견으로 인하여 공익보다 사익을 앞세우고 접해지는 문제를 해결하려는 마음이 강한 사람이다.

아집이나 교만과 오만의 형태는 성장 배경과 생활 환경에 의해 길들여지며 습관화된 마음의 프레임이기 때문에 이것으로부터 벗어나기가 매우 어렵고 힘이 든다.

이런 형태의 사람일수록 자신이 생각하고 있는 것이 아집과 교만이라는 것을 진솔하게 깨닫고 뉘우치며 자각하는 마음이 필요하다.

자신의 잘못됨과 부족함을 뉘우치지 못하면 아집과 교만에 의해 형성되는 나쁜 영향으로 점점 자신감과 열정이 없어지며 발생하는 열등감으로 인해 마음이 연약해지고 부정적인 사고로 판단이 흐려지며 불신하는

깨닫는 마음의 환희(歡喜)

생각을 하게 된다.

이러한 현상을 치유하기 위해 겸손함과 자각하는 마음으로 성숙한 인품을 키우며 자아를 다스리는 강인한 마음을 가져야 한다.

겸손함과 자각하는 마음에 의해 만들어지는 현상을 알지 못하면 아집과 교만에 의해 발생하는 자신의 잘못됨을 깨닫고 뉘우치는 것이 어려워진다.

때문에 겸손과 자각하는 마음의 진솔한 의미를 바르게 이해하고 장점을 익히며 강인한 마음이 뒷받침되어야 아집과 교만한 마음의 행태에서 벗어나게 된다.

겸손과 자각하는 마음을 가짐으로써 남을 높이고 귀하게 생각하게 되며 자신을 먼저 낮추고 상대의 입장을 헤아리며 행동하게 되고 겉으로 드러내지 않는 음덕을 실천하는 성숙한 인품으로 변화된다.

아집과 교만에 의해 길들여진 것으로 인하여 만들어진 나쁜 습관을 깨닫고 뉘우치며 자신의 언행에 대한 잘못됨이나 부족함을 되돌아보고 자각함으로써 인품이 성숙해진다.

겸손하고 자각하는 사람은 긍정적인 사고로 매사를 정의롭게 판단하고 행동하게 됨으로써 성숙한 인품의 소유자로 변화된다.

겸손과 자각하는 마음에 의해 변화되는 다양한 현상과 만들어지는 환경을 살펴본다.

겸손과 자각하는 마음은 아집과 교만에 의해 만들어진 상처를 치유하며 잘못된 것을 깨닫고 뉘우칠 수 있게 변화시켜 준다.

그리고 긍정적으로 사고하는 마음에 자신감과 열정을 안겨 주는 환경으로 변화시킨다.

때문에 겸손하고 자각하는 사람을 만나면 가까이하고 싶어지며 닮고 싶어진다.

겸손과 자각하는 인품의 소유자는 상대의 단점보다 먼저 장점을 바라보며 언행이 부드럽고 친절함으로 인하여 서로가 편하게 소통하게 되며 신뢰가 두터워지고 믿음이 가며 마음이 편하다.

그리고 마음이 즐거워짐으로 인해 생성되는 엔도르핀의 효과로 인하여 접해지는 환경이 즐겁고 상쾌하며 활기 있게 변화된다.

인간관계는 겸손과 자각하는 마음으로 상대의 잘못은 앞에서 진솔하고 부드럽게 말해야 참다운 충고와 격려가 되며, 칭찬은 진솔하게 응원하는 마음으로 하는 것이 도리이다.

겸손과 자각하는 마음으로 아집과 교만을 치유하며 배려하고 아우름으로써 서로의 관계가 선하고 착한 사람으로 만나 잊혀지지 않는 그리운 사람으로 기억하게 된다.

겸손과 자각하는 마음의 향기를 긍정적인 마음으로 수용하고 실천함으로써 변화되는 현상은 고통스럽고 힘든 마음을 편하고 즐겁게 변화시켜주며 어둡고 복잡하며 번거로운 마음이 밝고 깨끗하게 정리되며 절망감을 희망으로 변화시킨다.

자신을 진솔하게 돌아보며 겸손과 자각하는 마음으로 상대를 먼저 높이고 존경할 수 있는 마음을 가지는 것은 대인 관계를 평화롭고 복된 환경으로 변화시키는 뿌리이다.

겸손과 자각하는 마음으로 베풀고 나누면 나눌수록 당신의 가슴은 더욱 따뜻해지고 풍요롭고 행복해진다.

육체적인 건강은 몸을 단련해야 하고 정신적인 건강은 마음을 수련해

깨닫는 마음의 환희(歡喜)

야 되듯이 매사를 긍정적으로 생각하고 숙고하며 겸손하게 행동하고 자각하는 마음을 수련하고 단련하며 자신의 마음을 보듬어 보자.

세상에 가장 쉬운 일은 생각 없이 말하고 비판하며 자기 편한 대로 판단하고 책임감 없이 자신의 주관대로 행동하는 것이다.

반면에 쉽게 할 수 있으면서도 어려운 것은 겸손과 자각하는 마음으로 자신을 돌아보고 성의롭게 행동하는 것이며 자신과의 싸움에서 이기는 것이다.

자신의 언행이 잘못되었거나 부족함으로 인해 남에게 어떤 해가 될지를 먼저 살피고 깨닫고 뉘우치며 자각하는 마음은 성숙한 인품을 키우는 바로미터이다.

유아독존하며 자신만을 위한 집착으로 자신의 모든 생각과 판단이 옳다고 내세우는 아집과 교만을 치유하는 명약이 바로 겸손함과 진솔하게 깨닫고 뉘우치며 자각하는 마음이다.

때문에 긍정적인 마음의 밭에 겸손과 자각의 씨를 뿌리면 아집과 교만이 없어지며 겸손과 자각의 향기가 풍요롭고 행복한 환경을 만들어 준다.

일상을 통하여 겸손하게 뉘우치며 자각하는 마음의 향기가 없다는 것은 감사하는 마음이 없으면 감사할 줄 모르게 되고 고마운 마음이 없으면 고마운 일이 발생하지 않는 것과 같다.

그러나 겸손과 자각하는 마음의 향기가 있는 곳에는 아집과 교만이 없어지고 마음이 평온해지며 평안과 행복이 따르는 환경으로 변화된다.

겸손과 자각하는 마음의 향기는 간절하게 바라고 원한다고 하늘에서 떨어지는 것이 아니다.

다만 겸손과 자각으로 접해지는 현실을 진솔하게 깨닫고 뉘우침으로써 만들어지는 마음의 선물이다.

겸손과 자각하는 마음의 향기를 보듬으며 인품을 성숙하게 만들고 익혀 주는 패러다임을 일상에 접목하고 숙고하며 성숙한 인품이 익혀지는 현상과 변화되는 것을 살펴본다.

겸손과 자각으로 자신의 생각과 행동을 제어하고 마음을 다스림으로써 인품이 성숙하게 키워진다.

사람들의 삶을 자세히 살펴보면 인생 여정을 통하여 사연 없는 사람이 없고, 몸이 몹시 아파 본 사람이 건강의 중요성을 더 잘 알고, 빈곤에 시달려 본 사람이 빈곤의 아픔을 더 잘 알며, 풍요의 필요성을 남보다 더 절실하게 느낄 수 있다는 것은 변치 않는 경험의 이치이다.

부정적인 사고와 아집과 교만한 마음이 있는 곳엔 한계가 만들어지지만 긍정적인 사고와 겸손과 자각하는 마음이 있는 곳엔 가능성이 무한하게 펼쳐진다.

겸손과 자각하는 마음으로 낙관하며 관용의 자세로 매사를 포용하고 수용하는 인품을 키움으로써 복과 덕이 쌓인다.

겸손과 자각하는 마음으로 지혜는 배우고 익혀야 하는 것이며 재앙, 근심, 걱정, 허물, 죄악 등은 제거하고 예방해야 하는 것이 행복한 삶을 이끄는 최상의 정답이다.

원하는 복과 덕은 검소하고 겸손한 마음으로 행동하며 자신을 낮추고 겸손하게 한 걸음 물러나서 조용하게 사고하는 인품에 의해 만들어진다.

그리고 지혜는 도생어안정(道生於安靜)의 의미처럼 고요히 생각하며 사고하는 데서 생기고 긍정적인 사고로 숙고하며 실천함으로써 키워지고 익혀진다.

깨닫는 마음의 환희(歡喜)

화종구출(禍從口出)이라는 의미처럼 재앙은 입으로부터 시작되는 것임으로 말은 더욱 신중하고 조심함으로써 겸손과 자각하는 마음이 성숙해진다.

재앙은 과욕과 탐하는 마음이 많은 데서 생기며, 근심과 걱정은 아집과 욕심이 많은 데서부터 시작된다는 것을 자각하는 마음에 새기자.

그리고 자신의 허물은 교만하고 오만하며 잘난 체하고 남을 업신여기는 데서 시작된다.

그럼으로 겸손과 자각하는 마음으로 자신을 돌아보며 아집과 교만을 치유하고, 언행을 조심하고 남의 것을 함부로 탐하지 않음으로써 재앙, 근심, 걱정, 허물은 예방되고 없어진다.

"겸손한 자만이 다스릴 것이요, 애써 일하는 자만이 가질 것이다.(에머슨)"라는 의미를 숙고하며 마음에 새긴다.

겸손함과 자각하는 마음으로 지켜야 할 도리를 숙고하며 이행함으로써 변화되는 현상과 만들어지는 결과를 음미해 본다.

사물을 정의롭게 바라보는 안목으로 매사를 조심하며 잘못된 것과 악한 것은 보지도 생각지도 말고 남의 단점을 말하지 말며 남의 것을 함부로 탐하지 않는 것이 사람의 올바른 도리이다.

그리고 생각한 것이 뜻대로 되지 않는다고 화내거나 서둘지 말며 몸과 마음을 조심하며 나쁜 사람과 어울리거나 관계하지 않음으로써 자연스럽게 마음이 편하고 성숙해진다.

인생 여정을 통하여 순리대로 접해지는 환경을 거역하지 말고 자각하는 마음으로 순리대로 오고가는 것을 거역하지 않고 포용함으로써 마음이 편하고 평화로워진다.

먼저 남을 섬기기보다 먼저 섬김 받기를 바라는 것이 사람의 본능이지만 자신을 대우해 주지 않는다고 섭섭하게 생각하지 말고 자신만의 이익을 위해 남을 음해하면 그것이 반드시 산울림의 메아리처럼 자신에게 돌아온다는 것을 직시해야 한다.

풍요로운 부와 권력을 가졌다고 절약하지 않으면 자신과 가정을 망치는 원인이 되고 정의롭고 청렴하지 않으면 품위와 지위를 잃게 되는 것이 인생사의 순리이다.

교만과 아집과 오만은 불평불만을 만드는 뿌리가 되고 패망의 원인이 된다는 것을 망각하지 않기 위해 마음에 각인해야 한다.

겸손과 자각을 모르면 오만과 교만의 싹이 마음에 자란다는 것을 깨닫고 뉘우치지 못하면서 삶의 지혜를 짜내려고 애쓰지 말고 겸손과 자각하는 마음으로 현실에 충실하고 성실함으로써 지혜는 익혀진다.

겸손과 자각하는 사람의 세 가지 형태를 숙고해 보면, 어리석은 사람은 겸손과 자각에 대해 별 관심이 없기 때문에 겸손과 자각하는 것을 잘 이해하지 못하며,

보통 사람은 겸손과 자각에 대해 잘 알고 있지만 성실하게 실천하는 마음이 부족하다.

그리고 현명한 사람은 겸손과 자각에 대해 잘 이해하고 성실하게 실천하며 깨닫고 뉘우치는 성숙한 인품의 소유자이다.

어리석은 사람, 보통 사람, 현명한 사람이 되는 것은 자신의 선택의 몫이며 누구에게나 현명한 사람이 될 수 있는 자질이 있으며 가능성과 문은 항상 열려 있다.

그렇다면 당신은 무엇을 생각하고 어느 것을 선택하며 어떻게 행동하

깨닫는 마음의 환희(歡喜)

시겠습니까?

추구하는 것을 성취하기 위해 겸손과 자각하는 마음으로 생각하고 계획하며 실천해야 할 것을 다짐해 본다.

먼저 만물의 영장으로 성스럽게 태어나 소중한 인생 여정을 꾸려 가며 겸손함과 자각하는 마음으로 늘 배우고 익히며 성숙한 인품을 키우고,

길이 막히면 좌절하지 말고 긍정적인 사고로 창조하고 개척하는 것이 길이라고 생각하며 확신을 가지고,

모든 것은 생각하기 나름이며 생각이 당신을 지배한다는 긍정적인 사고로 다르게 생각해 봄으로써 새로운 방법과 길이 창조될 수 있다.

그리고 겸손과 자각의 향기로 아집과 교만에 의해 만들어진 마음의 상처를 치유하고, 매사를 부드럽고 친절하게 아우르며 추구하는 환경을 만들고, 내 곁에 사람을 머물고 따르게 만들어 협조자를 만드는 것은 행복한 인생 여정을 성공적으로 인도하는 최상의 멘토이다.

2.

사색(思索)하는 마음

사색이라는 언어의 이미지는 정적이며 고상하게 심신을 가다듬는 멋과 맛이 있다.

그리고 생각하고 있는 것을 마음에 담고 조용히 숙고하는 마음을 다스리며 자신을 보듬고 정리하는 환경이 연상된다.

사색하는 환경은 자연이 품고 있는 바람소리, 흐르는 물소리, 지저기는 새소리, 이름 모를 다양한 것들이 어우러진 환경에서 피톤치드향이 가득한 숲길을 거닐며 생각에 잠겨 보는 자신만의 시간이기도 하다.

평온하고 고요한 환경에서 사색하는 마음에 어떤 생각을 비우고 어떤 생각을 채우느냐에 따라 사고하는 마음의 시야가 넓어지고 깊어지는 것이 가늠된다.

모든 것은 정의로운 마음으로 생각하기 나름이고 긍정적인 사고로 보기 나름이다.

온 누리에 존재하는 어떤 사물이나 현상을 사고하며 시간과 환경을 초월하여 다양한 시각으로 자신이 바라는 것을 숙고하며 충실하게 통찰하는 정도의 차이에 따라 사색하는 마음의 수준은 평가된다.

사색하는 마음의 시야를 넓고 깊게 하며 수준 높게 변화시키기 위해 자유롭게 생각하며 편하고 조용하게 사고할 수 있는 자신만의 시간과 환경을 만드는 것이 가장 바람직하다.

그리고 추구하고 있는 것을 숙고하며 긍정적인 사고로 자신을 돌아보며 관계된 것을 마음의 여유를 가지고 다시 생각해 보는 기회와 시간을 가지는 것이 중요하다.

조용하고 편한 마음으로 추구하고 있는 것에 대한 생각, 분석, 검토, 계획 등등과 같은 것을 숙고하며 다시 생각해 보는 과정을 통하여 최상의 것을 선택한 후 실천함으로써 사색하는 마음의 수준과 삶의 질은 더욱 향상된다.

이처럼 사색하는 마음은 삶의 질에 대한 가치와 수준이 형성되는 정도를 가늠하며 인생 여정을 바르고 행복하게 인도하고 지도하는 마음의 스승이다.

일상에 주어지는 환경은 보고 듣고 배우며 마음 깊이 생각한 것에 대한 이치와 도리를 바르게 이해하고 성실하게 실천함으로써 바라는 결과가 형성되는 것이 이치이다.

주어지는 일상을 긍정적인 사고로 꾸려 가며 심신에 발생하는 현상과 미치는 영향을 숙고하며 만들어지는 다양한 결과를 음미해 본다.

사색하고 있는 마음에 담겨 있는 실체는 그것을 실천하는 마음의 역량에 의해 가치가 가늠되며 상응하는 결과가 만들어진다.

좋은 생각과 즐거운 마음에 즐거운 감정이 만들어지듯이 정의롭고 진솔한 마음을 가짐으로써 아름답고 가치 있는 행동으로 이어지는 것이 마음의 리듬이다.

배우며 경험하고 익힌 앎으로 인격을 수양하며 성숙한 소양과 인품을 키움으로써 사색하는 마음의 역량은 키워지며 사색의 수준과 질은 향상되고 삶의 가치는 높게 형성된다.

사물을 넓고 깊게 생각하고 궁리하며 그것에 대한 이치와 도리를 배우고 익힌 앎이나 경험에 의해 터득한 지식을 활용하며 당면한 문제들을 유익하게 해결하는 길을 인도해 주는 것이 사색하는 마음에 잠재되어 있다.

고요함과 평온함으로 조용하게 마음을 다독이는 기회를 만들어 주며 자신을 돌아보는 역량을 키워 주는 것이 사색하는 마음에 의해 키워지며 익혀진다.

번거롭고 복잡한 일상과 자신을 어렵고 힘들게 하는 것으로부터 잠시 벗어나 생각을 다듬으며 정리하고 자신을 돌아보며 깨닫고 뉘우치는 마음으로 사색함으로써 안식의 시간이 마련되고 몸을 단련하며 마음을 수련하는 기회가 만들어진다.

사고하고 있는 생각의 실체를 바르게 이해하고 마음 깊이 새기며 스스로를 돌아보는 기회를 가진다는 것은 정의롭고 행복한 삶의 길을 인도하고 지도해 주는 소중한 멘토이다.

"독서는 마음속에 지식의 소재를 제공해 주는 것에 불과하다, 그러나 읽은 것을 내 것으로 만들어 주는 것이 사색이다. (칼융)"라고 하였듯이 배우며 경험하고 익힌 앎과 사색하는 마음을 통하여 원하는 실체를 숙고하며 성실하게 실천함으로써 더욱 소중한 가치가 형성된다.

사색하는 마음에 담겨 있는 생각의 실체가 사색을 통하여 변화되는 현상과 미치는 영향을 살펴본다.

사색하는 마음에 담겨지는 생각의 실체를 성실하게 실천하지 않으면 생각하는 실체의 가치는 바람대로 형성되지 않는다.

일상을 통하여 배우며 경험하고 익히는 앎도 중요하지만 더욱 중요한 것은 사색하는 마음을 통하여 선택하고 결정한 것을 성실하게 실천하는 것이 무엇보다 소중하며 우선 되어야 한다.

평소에 마음에 가지고 있는 생각과 앎은 사색하는 마음을 통하여 옳고 그름을 판단하고 결정한 후에 실천함으로써 더욱 가치 있게 자신의 것으로 만들어진다.

세계에서 제일가는 지도자로부터 지도를 받는다 해도 배우고 익힌 것

깨닫는 마음의 환희(歡喜)

을 마음에 수용하며 스스로 실천할 수 있을 때만이 지도 받은 효과와 소중한 배움의 가치가 만들어진다.

그러나 배우고 익힌 것을 마음에 수용하고 활용하며 스스로 실천하지 못한다면 소중한 배움의 가치는 형성되지 않는다.

마음에 수용하고 활용하며 실천할 수 있을 때만이 가치가 형성된다는 것을 직시해야 한다.

그리고 사색하는 마음에 담고 숙고하며 판단하고 결정하는 기회를 가진 후에 실천함으로써 오류를 범하지 않고 원하는 것을 유익하게 이끌어 내는 더 좋은 방법이 창조될 수 있다.

사색하는 마음에 담겨진 것일지라도 성실하게 실천하고 이행하지 않는 것은 시간이 지나면서 여러 가지 잡념과 혼합되어 쓸모없게 변화되며 변질되는 것이 사람의 생각이고 마음이다.

그리고 쓸모없게 변질된 생각과 마음은 점점 자신을 괴롭히는 잡념과 망상으로 변하게 된다.

잡념과 망상은 가지고 있으면 있을수록 심신에 피로가 쌓이며 바람직스럽지 못한 부정적인 생각으로 변할 뿐만 아니라 자신을 괴롭히는 스트레스의 발생 원인이 된다.

변질된 생각과 망상으로 인하여 발생한 스트레스가 마음을 힘들게 함으로써 심신의 건강을 해치며 좋지 못한 병의 발생 원인이 될 수도 있다.

그럼으로 좋지 못한 생각과 망상은 지체 없이 대범하게 버리는 용기와 결단이 필요하다.

좋지 못한 생각과 마음을 바꾸지 않는다면 당신의 마음으로부터 좋지 못한 것이 버려지고 비워지지 않을 뿐만 아니라 변화되는 것은 하나도 없다는 것을 명심해야 한다.

변화무쌍한 바쁜 현실을 감당하며 시간을 보내야만 하는 어려운 환경이 접해질수록 조용하고 편하게 사색하는 기회를 가지고 숙고하며 바라는 것을 성실하게 실천하는 것을 이행하는 강인한 마음을 키워야 한다.

마음에 담겨진 건전한 생각을 성실하게 실천하고 이행함으로써 잡념과 망상에 의해 발생하는 스트레스로부터 자유로워지는 것이 사람의 생각이며 마음이다.

사색하는 마음에 가지고 있는 생각의 주체를 성실하게 이행하는 데는 적절한 시간과 적합한 환경이 선택되어야 한다.

접해지는 환경과 시간에 알맞고 밀도 있게 사색하는 기회를 가짐으로써 추구하는 목적과 목표를 성공적으로 이끄는 데 시너지 효과가 만들어진다.

인간이 만물의 영장이라고 하지만 완벽하지 못한 것이 사람이며 경솔함으로는 신중함을 이기지 못하는 것이 이치이며 순리이다.

배우며 경험하고 익힌 앎이 되었든 생각하는 실체가 되었든 깊게 생각하고 판단하며 사색하는 마음을 가짐으로써 더 좋은 가치가 형성되며 바라는 결과가 창조될 수 있다.

세상을 바꾸는 천재들의 경력은 스펙이 아닌 사색하는 힘에 있다고 한다.

사색하는 마음의 역량을 키우고 접해지는 환경을 아우르며 포용하는 사람이 현실을 선도하며 지배할 수 있다.

세상에 존재하고 있는 모든 것이 물리적인 힘만으로 리드되며 지배되는 것은 아니다.

현실은 사색하는 마음에 키워진 성숙한 인품의 역량에 의해 선도되며

깨닫는 마음의 환희(歡喜)

지적인 지배를 받고 있는 사회가 실존하고 있다.

그리고 실존하고 있는 현실은 앎을 단순하게 받아들이는 것에 머무르지 않는 고도의 지적인 경쟁이 진행되고 있다.

앎을 돌아보고 숙고하며 깨닫고 뉘우친 것을 수용하고 신중하게 판단하며 선택하고 실천하는 과정을 거쳐도 부족함이 따르는 것이 접하고 있는 현실이다.

때문에 보다 좋은 정보를 수집하고 참고하며 사고하는 과정을 거치기 위해 자신을 돌아보며 사색하는 마음에 원하는 것을 담고 숙고하는 기회와 시간을 가져야 한다.

사색하는 마음은 많은 앎을 다양하게 일깨워 주며 새로운 것을 숙고해 보는 소중한 시간이고 생각의 질을 향상시키며 마음을 가다듬을 수 있는 기회이며 환경이다.

사람은 좋아하는 마음이 즐기는 마음을 이길 수 없다.

그럼으로 좋아하기보다 즐겁게 사색하는 마음을 가짐으로써 자신이 하고 싶고, 되고 싶고, 갖고 싶은 것을 성취하는 방법과 길은 더욱 수준 높게 개척되며 창조된다.

삶의 질을 향상시켜 주는 사색하는 마음은 주어지는 실체에 대해 스스로 옳고 그름을 생각하고 판단해 보는 마음을 다스리는 최상의 기회이며 이루고 싶은 꿈과 희망을 설계해 보는 소중한 시간이다.

때문에 사색하는 환경은 즐겁고 편한 마음으로 편협됨이 없이 정의롭게 생각하고 판단할 수 있는 조용하고 평온한 환경이 유지되어야 한다.

번잡하고 시끄러우며 감정이 격한 상태에서는 올바르게 사색하는 마음을 가질 수 없다.

인간의 이성은 과격하면 막히고 부드럽고 온화하면 풀리는 것이 사람의 생각이고 마음이다.

사색하는 마음과 환경은 편협됨이 없이 선택하고 편견 없이 판단하며 추구하는 최상의 가치를 형성하는 바로미터이다.

그리고 평온하고 고요한 환경에서 깊고 넓게 사고하는 마음을 가짐으로써 원하는 것을 해결할 수 있는 좋은 방법이 창출되고 지혜가 익혀지게 된다.

사색하는 마음은 삶의 질을 향상시키고 덕과 복이 담겨지는 보고이며 사람이 가지고 있어야 할 지적인 무형의 재산이다.

"지혜는 고요히 생각하는 데서 생기고, 근심과 걱정은 욕심이 지나친 데서 생기며, 재앙은 탐하는 마음에서 시작된다."라는 선현과 선각자의 가르침을 숙고해 본다.

이러한 글을 읽으면서도 글에 대한 관심과 글의 의미를 깨닫고 뉘우치는 마음가짐은 사람마다 다르며 차이가 있게 마련이다.

글의 의미를 깊게 숙고하며 잘 이해하고 마음에 수용하는 사람이 있는 반면에 그렇지 못한 사람도 있다.

글의 의미를 잘 이해하지 못하는 경우는 글에 대해 관심을 가지고 글의 의미를 이해할 수 있도록 하는 것이 선행되어야 한다.

그러나 좋은 글이구나 하고 별다른 관심 없이 지나친다면 아무런 소용이 없다.

글의 의미를 알고 있는 경우라고 해도 글에 담겨 있는 의미를 깨닫고 뉘우치며 긍정적인 사고로 마음에 수용하고 실천함으로써 지적인 재산이 될 수 있고 지혜가 익혀진다.

깨닫는 마음의 환희(歡喜)

지적인 재산을 마음에 수용하고 성실하게 실천하지 않으면 아무리 좋은 가르침의 글이라도 모르는 것과 차이가 없게 된다.

때문에 좋은 글이나 필요한 지식과 앎일수록 그것을 앎에 머물지 않고 진정한 의미를 깨닫고 뉘우치며 마음에 수용하고 실천함으로써 더욱 소중하고 고귀한 가치가 형성되며 자신의 것으로 감화되는 마음에 즐겁고 기쁜 감정을 음미할 수 있다.

사색하는 마음에 만들어지는 현상은 할 수 없다고 하는 생각으로는 불가능이 만들어지고, 할 수 있다고 하는 생각에는 가능성이 만들어지는 것이 이치이다.

그리고 일상에 접해지는 현실은 좋아하는 마음이 즐기는 마음을 이기지 못하는 것이 순리이다.

즐기는 마음으로 생각하고 결정하며 선택할 수 있는 긍정적인 사고와 "할 수 있다."는 마음가짐으로 즐거움을 누릴 수 있다는 것이 얼마나 가치 있고 여유롭고 행복한 것인가!

즐겁게 사색하는 마음에 믿음과 확신이 담겨지면 자연스럽게 용기와 열정이 생기며 역동적인 역량이 키워진다.

생각과 마음은 무모한 집착과 과욕을 만나면 괴로움과 고통이 따르지만 집착과 과욕을 버리면 마음이 여유롭고 편하며 즐겁게 변화된다.

사색하는 마음에 어떤 생각을 하고 있느냐에 따라 변화되는 것이 사람의 마음이며 자신이 생각하고 있는 실체를 마음으로 끌어당기게 된다.

때문에 즐거운 생각을 하면 마음이 즐거워지고 슬픈 생각을 하면 마음이 슬퍼지게 되는 것이다.

이처럼 인간의 생각과 마음은 즐거움은 즐거움을, 슬픔은 슬픔을, 행복은 행복을 등처럼 같은 종류의 생각과 마음을 끌어당기는 것이 본능이다.

때문에 좋은 생각이 좋은 결과를 만들게 되고 좋지 못한 생각에 의해 좋지 못한 결과가 형성되는 것이 매사의 순리이다.

그럼으로 자신의 마음을 힘들게 하는 갈등과 괴롭히는 무모한 집착과 욕심을 마음에서 비움으로써 갈등과 괴로움은 애쓰지 않아도 자연스럽게 해소된다.

집착과 과욕을 마음에서 비우고 편하고 조용하게 사색하는 마음을 다스림으로써 여유롭고 즐거운 생각이 비워진 마음을 채우게 된다.

좋은 생각이라 할지라도 사색하며 숙고함이 없이 선택하고 판단한 것이 실천에 옮겨지는 것은 경솔함이 신중함을 이기지 못하는 순리에 의해 실패의 원인이 될 수도 있다.

신중하지 못함으로 발생하는 원인을 제거하기 위해서는 온화하고 조용한 환경에서 사색하는 마음으로 장점과 단점을 판단한 후에 선택한 것을 실천하는 것이 순서이며 최상의 방법이다.

"급할수록 돌아가라."는 의미를 새기며 매사를 조급하게 서두르지 말고 여유를 가지고 숙고하며 즐거운 마음으로 시작해야 진행하는 것이 순조롭다는 것을 깨닫고 뉘우치며 자신을 돌아보는 기회를 가지자.

진솔하게 자신을 돌아보며 바라는 것을 마음에 담고 사색한다는 것은 삶의 질을 높게 향상시키며 복되고 덕스러운 인생을 개척하는 근원이 된다.

그러기 위해서는 평온하고 조용한 환경에서 자유롭고 여유롭게 생각을 가다듬으며 마음을 다스리는 습관을 만들어야 한다.

창문을 열면 바람이 들어오는 것이 자연의 이치이듯 즐거운 생각을 하면 마음이 즐거워지고 행복을 생각하면 행복해지는 것이 마음 작용의 본

깨닫는 마음의 환희(歡喜)

능이다.

사색을 통하여 마음의 문을 열고 편하고 여유로운 심신의 상태가 되면 복잡하고 어렵고 힘든 것이라도 바르게 판단하고 결정할 수 있는 길이 개척된다.

일상을 통하여 예기치 않게 접해지는 좋지 못한 환경에 의해 여유가 없어지고 좋지 못한 생각에 사로잡혀 화가 나며 감정이 격해지는 경우가 발생할 수 있다.

때문에 이러한 경우를 예방하고 방지하며 해결하기 위해서는 배우고 익힌 앎으로 인품을 성숙하게 키우며 지혜를 익히고 때로는 신앙에 의존하기도 한다.

사람의 일상적인 활동은 감정이 격하면 이성이 막히고 부드러우면 풀린다는 이치를 숙고해 본다.

누구든 격한 감정으로 화가 난 상태에서는 마음이 편하고 여유로워질 수가 없다.

그리고 이러한 환경이 접해질수록 좋은 해결 방법을 찾기 위해서 자신을 돌아보며 조용하게 묵상하는 기회와 여유를 가져야 한다.

격한 감정과 화가 지속되는 동안에는 무엇이 되었든 문제를 바르게 해결한다는 것이 어려울 뿐만 아니라 가능한 것도 불가능하게 만드는 환경으로 변화된다.

격한 감정을 온화한 환경으로 변화시키기 위해서 할 수 있는 것은 당신의 생각과 행동하는 것을 우선 멈출 수 있는 마음 다스림이 필요하다.

생각을 다독이며 평온한 마음을 가질 수 있도록 당신의 격한 감정을 보듬고 안정시켜야 격한 감정이 다스려진다.

격한 감정을 보듬으며 화가 난 마음을 부드럽게 변화시키는 것을 쉽게 할 수 있는 좋은 방법을 살펴본다.

성숙한 인품을 가진 사람은 자신의 세련된 지성으로 문제를 해결 하거나 또는 깊은 신앙심에 의존하는 사람도 있을 것이다.

누구나 쉽게 할 수 있는 평범한 방법은 먼저 아무것도 볼 수 없도록 눈을 감고 호흡을 가다듬으며 격해진 마음을 편안하게 보듬으며 여유를 가지도록 한다.

그리고 잠시 입을 다물고 양손으로 귀를 막고 호흡을 크게 하며 침묵한다.

인간의 심리는 보이지 않고 말하지 않고 듣지 않으면 격한 생각과 감정이 지속되지 않고 둔화되거나 정지되기 때문에 격한 마음을 부드럽고 온화하게 변화시키는 것이 쉬워진다.

이와 같은 상태에서 마음을 다스리며 잠시 무상무념의 시간을 가지며 침묵한다.

당신을 격하게 했던 환경과 실체에 대해 넓은 아량으로 아름답게 배려하며 너그러운 마음으로 "현재 발생한 것은 나의 잘못으로 발생한 것이다!"라고 자각하며 마음을 다스리고 보듬는다.

자신의 마음을 보듬고 돌아보는 시간을 가지고 깨닫고 뉘우치며 다독임으로써 경직되고 격한 감정은 해소되기 시작한다.

실제로 이러한 것을 직접 실천해 봄으로써 쉽게 이해되고 격한 감정을 다스리는 지혜가 익혀진다는 것을 확신한다.

유교 사상이 엄했던 시대의 시집살이는 벙어리 삼 년, 봉사 삼 년, 귀머거리 삼 년이라고 전해지는 옛 속담을 음미해 본다.

깨닫는 마음의 환희(歡喜)

말하지 않고, 듣지 않고. 보지 않으면 마음이 편해지고 문제가 해결된다는 의미이기도 하다.

그리고 화가 나고 격한 감정이 참기 힘들고 생각대로 되지 않을 때는 마음을 즐겁게 변화시키는 웃음을 실천해 보시라!

무조건 미친 듯이 큰소리를 내며 억지웃음이라도 하하 호호 히히 하고 웃어 보시라!

그러면 자신도 모르게 이유 없이 스스로 웃게 될 것이다.

그리고 웃고 있는 자신의 모습이 우스워서 스스로 웃게 되며 웃음이 격한 마음을 온화하게 변화시켜 줄 것이다.

즐겁게 웃는 웃음으로 인해 심신을 즐겁게 하는 엔도르핀이 인체에 생성되며 마음을 즐겁게 만드는 웃음의 효과가 자연스럽게 나타나기 시작한다.

웃음으로 격하고 화난 감정을 다스리는 효과는 여름날 천둥 번개와 소낙비가 지나간 뒤 먹구름이 사라지며 밝고 강열하게 비치는 햇빛처럼 격한 감정으로 화가 나고 어둡던 마음이 밝고 온화하게 변화될 것이다.

웃음이 격한 감정을 다스리는 좋은 약이 되고 치료 방법이 될 것이다.

3%의 소금물이 많고 많은 바닷물을 썩지 않게 유지한다고 한다.

만물의 영장인 인간의 생각과 마음은 바다보다 더 광대하고 하늘만큼 높고 무한하며 감정을 다스리는 역량과 지혜가 잠재하고 있는 보고이다.

격한 감정과 마음을 다독이고 보듬으며 3%의 소금물이 많고 많은 바다물을 썩지 않게 유지한다는 의미를 새기며 일체의 비용 없이 쉽고도 편하게 할 수 있는 웃음이 만들어 내는 엔도르핀의 효과를 체험하며 실증해 보시기를 권해 본다.

따뜻한 가슴에 격하게 요동치는 집착과 욕심이 당신의 마음을 괴롭히는 경우에도 웃음으로 격한 마음을 다스림으로써 아집에 의한 집착과 과욕은 자연스럽게 마음에서 따사로운 봄 햇살에 눈 녹듯이 없어지게 된다.

아집에 의해 만들어진 집착과 과욕이 비워진 마음은 편하고 여유로우며 긍정적인 사고와 믿음과 확신이 함께하는 좋은 생각으로 채워진다.

그럼으로써 마음에 잠재하고 있던 부정적이며 초조하고 불안한 생각이 긍정적이고 여유롭고 편하게 변화되기 시작한다.

사색하는 마음에 담기는 건전하고 좋은 생각은 행복한 삶의 질과 가치를 높이고 유익한 방법을 창조하는 최상의 도구이다.

그러나 최상의 도구를 유익하게 활용하기 위해서는 반드시 선행되어야 하는 것이 있다.

자연을 벗 삼아 심신을 단련하고 수련하며 겸손을 배우고 자신을 돌아보는 마음으로 언제나 긍정적인 사고와 확신을 가지고 원하는 것을 실천하고 실행하는 강인한 마음을 가지는 것이다.

바르고 좋은 생각에서 좋은 결과가 만들어지는 것이 만사의 이치이며 무엇인가 원하는 것을 이루기 위해 도전하고 실천하며 행동하는 데는 사색하는 마음에 긍정적인 사고로 희망을 가짐으로써 열정과 역동적인 역량이 키워진다.

세상에 완전무결한 사람은 없다.

자신의 부족함을 깨닫고 뉘우치며 완벽해지려고 늘 배우며 노력하는 겸손한 사람과 자신의 부족함을 모르는 오만하고 교만한 사람이 있을 뿐이다.

마음이 즐거우면 감정이 즐거워지는 것이 사람의 본능이듯이 사색하는

깨닫는 마음의 환희(歡喜)

마음이 즐거우면 긍정적으로 사고하는 마음의 문이 열리고 어려움이 있어도 너그럽게 포용하며 배려하는 마음이 깊고 넓어진다.

일상을 살아가며 하는 일이 뜻대로 되지 않더라도 너무 번민하거나 화내지 말고 자신을 돌아보며 현실을 포용하는 성숙한 인품을 키우고 익혀야 한다.

일상에 접해지는 것을 바르게 이해하고 긍정적인 마음으로 포용하며 인품을 수련하고 단련함으로써 사색하는 마음의 수준과 질이 높아지고 향상된다는 이치를 마음에 새긴다.

그리고 즐겁고 행복한 생각을 함으로써 즐겁고 행복해지는 것이 마음의 본능이며 흐름이라는 것을 사색하는 마음에 담고 생각하고 있는 실체를 긍정적인 사고로 성실하게 실천하자.

사색하는 마음에 바라는 실체를 담고 숙고하며 조화롭게 아우르고 주어진 환경을 포용함으로써 삶의 질은 더욱 향상되고 발전하며 당신의 인생 여정은 풍요롭고 행복하게 변화되고 발전하며 찬란하게 빛날 것이다.

2-1. 생각(生覺)은 영원(永遠)한 마음의 꽃

만물의 영장으로 군림하고 있는 사람의 생각과 접해지는 환경은 시간과 공간을 초월하여 수없이 변화되는 것이 실상이다.

때문에 영원한 것은 세상에 존재하지 않는다고 하는 것이 일반적인 통념인 것 같다.

그러나 살아 숨 쉬며 따뜻한 가슴으로 활동을 하고 있는 한 사람의 내면에는 영원하게 존재하는 것이 있다.

인간이 살아 숨 쉬며 활동하는 동안은 사람의 내면에 영원하게 존재하고 있는 것이 바로 생각하는 마음이다.

영원이라는 어감이 풍기는 이미지는 여유로운 생각을 가지게 하고 시간과 공간적으로는 끊임없이 지속되는 무궁함을 느끼게 하며 불멸이라는 존재감과 가치를 마음에 안겨 준다.

뜨겁게 요동치는 가슴에 사람의 본성과 타성을 아우르며 인간의 모든 것을 다스리고 있는 생각하는 마음이 영원하지 않다면 사람은 존재할 명분과 가치가 없으며 죽은 생명이나 다름이 없다.

생각하는 마음이 영원하게 존재하기 때문에 삶은 존속되며 명분과 가치가 있는 것이다.

그럼으로 생각하는 마음은 사람이 살아 있는 한 존재하며 삶의 의미와 명분과 가치를 창출하는 근원이다.

살아 숨 쉬지 않고 활동하지 않는 사람에게는 영원이라는 것은 아무런 의미가 없으며 존재할 가치와 명분이 없다.

그럼으로 생각하는 마음이 멈추는 순간부터 모든 것이 끝이다.

깨닫는 마음의 환희(歡喜)

그리고 생각하는 마음은 심신을 관리하며 사람의 육감(六感)을 다스리고 움직이며 활동하는 것을 영원히 지배하고 있는 주체이며 모든 것을 아우르고 태동시키는 모태이다.

인간의 모든 것을 아우르며 태동하는 모태인 생각하는 마음을 숙고하며 자연을 번식하는 모태인 아름다운 꽃과 비유해 본다.

자연이 인간에게 선물한 아름답고 예쁜 꽃은 보고만 있어도 싱그럽고 편하며 마음에 즐거운 감정이 잔잔하게 움직인다.

식물의 꽃은 아니지만 일상의 생각이나 사물에도 그것이 지니고 있는 소중한 의미와 핵심적인 팩트를 찬미하고 칭송할 때 꽃이라고 표현한다.

자연의 꽃이 번식을 위한 모태인 것처럼 삶의 고귀한 가치와 원하는 현실을 창조하는 생각과 마음은 사람에게만 주어진 소중한 보물이며 꽃이다.

서양근대 학의 출발점이 되고 철학자이자 수학자이며 물리학자인 R. 데카르트(1596-1650)가 말한 "나는 생각한다, 그러므로 존재한다."라는 명언을 마음에 새기며 숙고해 본다.

생각하고 활동하며 일상의 모든 것을 아우르며 심신을 다스리는 것이 사람의 마음이다.

그리고 육체적인 것이 되었든 정신적인 것이 되었든 모든 것은 생각하는 마음에 의해 태동되며 옳고 그름을 판단하고 선택하는 것도 생각하는 마음에서 시작된다.

보고 싶은 한 송이의 꽃을 피우기위해 보고 싶은 꽃씨를 심고 돌보며 정성껏 가꾸어야 바라는 꽃을 피우고 열매를 득할 수 있는 것이 자연의 순리이다.

이처럼 사람도 원하는 것을 이루기 위해서는 배우고 익힌 앎으로 좋은 생각을 마음에 간직하고 성실하게 실천함으로써 추구하는 것을 이룰 수 있는 것이 순리이다.

하나 더하기 둘은 셋(1 + 2 = 3)이라는 수식에 의한 답은 영원히 변치 않는 답이며 진리라는 것은 누구나 잘 알고 있다.

그러나 세상을 살아가며 만나지는 사람들의 관계와 사물을 숙고하며 실천하며 만들어지는 현상과 답은 수리의 답처럼 일치하지 않으며 경우에 따라 여러모로 많은 차이가 있다.

세상을 살아가며 생각하고 있는 것이 수리의 정답처럼 될 수 있다면 얼마나 좋을까!

인간의 역량으로 원하는 것을 성취하려고 노력하지만 수리의 답처럼 추구하고 원하는 것이 바람대로 이루어지지 않는 현실이 존재하고 있다는 것은 부인할 수 없다.

생각하고 있는 것이 아무리 가치 있고 고귀한 것이라 해도 바라는 결과가 셈법처럼 정답이 나오지 않는 것은 원하는 것을 실천하고 이행하는 정도의 차이와 서로의 틀임을 떠나 다름이라는 것이 존재하고 있기 때문이다.

사람이 똑같은 일을 하면서도 결과가 다른 것은 서로가 가지고 있는 생각과 사고하는 마음이 다르고 실천하는 정도의 차이와 실행하는 방법이 다르기 때문에 만들어지는 현상이다.

이러한 현상으로 인해 결과가 달라질 수 있다는 것은 누구나 부인할 수 없는 이치이다.

그럼으로 자신에게 주어지는 것을 수용하며 이행하는 마음가짐과 그것을 이해하고 실천하는 정도의 차이에 따라 성공할 수도 있고 실패할 수도 있다.

깨닫는 마음의 환희(歡喜)

원하고 있는 생각을 실천하지 않고 바램과 기다림만으로는 결과가 셈 법처럼 이루어질 수 없다는 것을 모르는 사람은 없다.

좋은 생각이라도 실천하지 않는 것은 시간이 지나면 지날수록 환경과 조건이 변함에 따라 잊혀지거나 쓸모없는 잡념과 망으로 변하게 된다.

자연이 한 송이의 꽃을 피우기 위해서는 흙에 씨앗이 심어지고 물을 만나야 싹을 틔울 수 있으며 자라는 데 필요한 영양분을 공급하기 위해 걸음을 주고 가꾸어야 한다.

이처럼 생각하는 마음의 꽃을 피우고 바라는 것을 성취하기 위해서는 긍정적인 사고로 믿음과 확신을 가지고 성실하게 실천하는 강인한 마음이 뒷받침되어야 한다.

찬란한 햇빛이 어둠을 걷어 내고 새날의 아침을 밝혀 주듯이 원하는 것을 기대하고 희망하며 성실하게 실천한다는 것은 마음을 활기차고 싱그럽게 만들어 주는 근원이다.

새날을 맞이하며 오늘의 기대와 내일의 희망을 가지고 시작하는 아침은 하루를 활기차고 새롭게 여는 소중한 출발점이다.

아침은 누구에게나 하루를 여는 첫 시간이며 주어지는 것을 새롭게 시작하는 첫 출발점이다.

때문에 긍정적인 사고와 좋은 생각으로 즐겁고 활기차게 출발하는 아침이 되어야 한다.

남다르게 좋고 건전한 생각을 가지고 있어도 시작과 출발이 좋지 않으면 잘못되기 쉽다.

그럼으로 현재 접하고 있는 환경과 시간은 잡을 수도 없고 기다려주지 않는다는 것을 마음에 새기며 건전하고 좋은 생각으로 활기 있고 즐겁게 시작하는 마음가짐은 인생의 성공과 실패를 좌우 하리 만큼 소중하고 중요하다.

인간이 활동하며 주어지는 지금의 환경을 활용하지 못하면 과거로 묻히고 자신이 활동하며 존재하고 있는 오늘의 환경은 현재진행형의 시간이며 내일은 아직 오지 않은 미지의 환경이다.

언제나 이러한 환경을 접하며 인간에게 주어지는 시간이 반복되는 것이 변치 않는 삶의 환경이고 현실이라는 것은 누구나 잘 알고 있다.

그리고 세상을 살아가며 앞으로 어떤 일이 발생할지는 신만이 알고 있지 아무도 모르는 영역이다.

다만 인간으로서 배우며 경험하고 익힌 앎을 통하여 더 좋은 미래를 위해 준비하고 예측할 수 있을 뿐이다.

잘못 되거나 원치 않는 것이 발생하지 않도록 예방하며 무사 안영과 발전을 위해 최선을 다하는 것이 최상의 방법이다.

누구나 주어지는 오늘의 하루를 새롭게 시작하는 마음으로 기대와 희망을 가지고 아직 오지 않은 내일을 추리하며 예측하기 위해서 노력한다.

새로 맞이하는 하루의 아침을 열며 바라는 기대와 희망하는 것을 이루기 위해 문제되는 것을 해결하는 방법을 숙고해 본다.

먼저 자신을 돌아보며 현재 무엇이 문제이고 무엇에 구애를 받고 있으며 마음을 힘들게 하는 것이 무엇인가를 숙고하며 자성하는 마음으로 묵상하는 시간을 가진다.

왜?, 무엇 때문에, 어떤 것에 구애를 받고 있으며, 무엇이 자유롭지 못한 것인가를 사고하며 원인을 분석해야 한다.

구애 받으며 마음을 자유롭지 못하고 힘들게 만드는 생각을 분석하고

깨닫는 마음의 환희(歡喜)

판단하며 얼마만큼 수용하고 실천할 수 있느냐 하는 마음가짐에 의해 문제되는 것을 풀어 가는 것이 가능된다.

대한불교 화엄종 종파의 기본성전인 화엄경의 중심사상인 일체유심조(一切有心調)에 대한 의미를 긍정적으로 사고하는 마음에 새기고 숙고하며 자신을 돌아본다.

인간세상의 모든 일은 사람의 마음이 만든다는 일체유심조의 의미를 깨닫고 뉘우치는 마음에 수용하며 자신에게 부족한 부분을 채우기 위해서는 배우고 익히며 성실하게 실천하고 이행하는 강인한 마음가짐이 뒷받침되어야 한다.

그리고 묵상하며 자신을 둘러싸고 있는 모든 것은 오직 자신이 생각하고 있는 마음에 의해 만들어진다는 것을 긍정적으로 사고하며 그 의미를 이해하고 포용하는 마음가짐이 요구된다.

인생을 살아가며 만나지는 세상사는 그리 만만한 것은 하나도 없다.

세상사 모든 것은 자신의 생각과 마음에 의해 선택되고 결정된다는 긍정적인 사고로 믿음과 확신을 가지고 진솔하게 마음에 수용하며 매사를 너그럽게 포용함으로써 당면하고 있는 어렵고 힘든 문제들을 해결하는 방법이 창조된다.

인생 여정을 통하여 예기치 않게 발생하는 다양한 문제들을 풀어 가는 마음가짐을 망망한 물길을 항해하는 돛단배의 환경에 비유해 본다.

돛단배를 타고 넓고 넓은 물길을 항해하고 있던 중 예기치 않게 심한 풍랑을 만났을 때의 마음가짐은 생사를 좌우한다.

예기치 않게 심한 폭풍을 만나게 되면 누구나 폭풍우가 무사히 지나가고 바람이 조용해지고 안전하게 항해할 수 있기를 바라는 마음이 간절할 것이다.

현재 접해 있는 환경은 SOS 구조신호를 보낸다거나 마음을 다잡고 항해를 침착하게 하는 것 외에는 다른 방법을 찾을 길이 없다.

어려운 환경일수록 긍정적인 생각으로 자신감과 용기를 가지고 스스로를 위로하며 당황하지 말고 자신의 노련한 항해 기술과 할 수 있다는 강인한 의지로 희망을 가져야 한다.

그리고 풍랑이 지나간 후에 잔잔하게 움직이는 물결과 바람을 이용해 침착하게 항해를 하는 것이 가장 좋은 판단이고 접해 있는 현실에 현명하게 대처하는 지혜이다.

좋은 생각으로 희망을 가지면 희망적인 결과가 창조되지만 희망의 끈을 놓으면 절망의 결과가 만들어진다.

그리고 자신이 항해하고 있는 배가 심한 풍랑을 견딜 수 있는 좋은 배라는 확신과 강인한 마음으로 당황하지 말고 침착하게 풍랑이 지나가기를 참고 견뎌야 한다.

완전하지 못한 것이 사람이며 인생 여정에 접해지는 환경도 이와 유사하다.

어려움과 역경이 접해질수록 자신을 위로하며 자신의 존재감과 용기를 가지고 확신하는 강인한 마음가짐이 뒷받침되어야 한다.

사람의 모든 것을 아우르고 관리하는 모태이며 생각의 꽃인 마음 다스림을 숙고해 본다.

인간의 역량과 능력은 부정적인 사고로 할 수 없다고 생각하면 불가능이 앞을 막고 긍정적인 사고로 할 수 있다고 생각하면 가능성이 만들어지며 희망의 문이 열린다.

깨닫는 마음의 환희(歡喜)

위기에 처했다고 엄습하는 공포감에 사로잡혀 이성을 잃고 불안해하거나 서둔다고 해결되는 것은 아무것도 없다.

당황하지 말고 "일체유심조"의 깊은 의미를 새기며 시간은 지나가며 환경은 바뀌는 것이 만사의 이치이며 순리라는 긍정적인 사고로 생각과 마음을 다스려야 한다.

지혜의 왕이라고 불리는 "솔로몬" 왕의 명언인 "이 또한 지나가리라."는 것을 숙고해 본다.

강인한 마음으로 위험과 고통의 시간을 참고 견디는 것이 어려운 환경을 극복하며 지배하는 길이다.

하나님은 사람이 참고 견디지 못하는 역경과 고통은 주지 않는다고 했다.

마음이 힘들고 어려울수록 평범함 속에 비범함이 존재한다는 의미를 마음에 새기며 숙고함으로써 좋은 방법이 창조된다.

비범한 것을 찾으려 애쓰지 말고 가장 비범한 것은 자신이 가장 잘할 수 있는 것에 잠재되어 있다.

그리고 가장 잘할 수 있는 것에 비범한 것이 잠재되어 있다는 것을 긍정적인 사고로 쉽고 편하게 생각해야 한다.

평생에 걷는 길도 힘들고 어려운 비탈길과 험하고 가파른 오르막길을 오르고 나면 반드시 걷기 쉽고 편한 내리막길과 안전한 평지의 길이 나타나게 된다.

짧지 않은 인생 여정에 어찌 굴곡이 없이 좋은 것만 있기를 기대하고 희망하는가!

주어지는 삶의 굴곡과 어려움을 참고 견디며 극복하는 것은 자신을 강하고 현명하게 만들어 주며 지도하는 마음의 스승이다.

복잡한 일상을 꾸려 가며 접해지는 어려움과 역경은 참고 견디며 극복하라는 삶의 엄중한 명령이라 생각하고 강인한 마음을 키우며 긍정적인 사고로 현실에 충실함으로써 희망의 문이 열린다.

인생길을 걷다 길이 막히면 새로운 길을 찾고, 찾아도 없으면 길을 닦고 개척하며 험하고 어려운 역경을 참고 극복함으로써 삶의 가치는 높고 크게 형성되며 아름답고 풍요로워진다.

뜻대로 되지 않는다고 초조해하거나 다급하게 준비 없이 서두르는 것은 오류를 범하게 되며 실패를 자초하는 원인이 된다.

지나친 집착과 아집을 가지는 것은 주관성만 강조되고 객관성이 부족하며 정의롭게 선택하며 판단하는 것을 흐리게 만든다.

때문에 다급하게 서두르며 초조해하거나 지나친 아집과 집착은 당면한 문제들을 해결하는 데 방해가 될 뿐만 아니라 현실을 더욱 나쁜 환경으로 변화시킨다.

역경과 난관을 극복하며 생각의 꽃을 피우기 위해서는 자신을 돌아보며 사색하는 기회를 밀도 있게 가지고 깨닫고 뉘우치는 인품을 성숙시키는 것이다.

바쁘고 복잡한 사회생활을 꾸려 가야만 하는 환경에서 어려운 것이라 생각되지만 어렵고 힘든 일이 접해질수록 마음을 편하게 가지고 조용하게 사고함으로써 여유와 용기가 생기고 역경을 벗어날 수 있는 마음의 역량이 키워진다.

부정적인 사고와 소심한 생각을 버리고 대범함과 긍정적인 사고로 진솔하고 편한 마음으로 원하는 것을 추구하며 성실하게 실천하는 것은 아름답고 성숙한 인품으로 영원한 마음의 꽃을 피우는 최상의 덕목이다.

깨닫는 마음의 환희(歡喜)

그리고 배우고 익히며 심신을 단련하고 수련한 인품과 덕목은 생각의 꽃을 마음에 영원하게 피우고 관리하는 소중한 영적인 삶의 재산이다.

　사람의 외적인 모습을 있는 그대로 거짓 없이 투명하게 비춰 볼 수 있는 것이 거울이다.

　자신의 외적인 모습과 표정을 비춰 볼 수 있는 거울은 필요한 만큼 쉽게 구해서 사용할 수 있는 친밀한 생활 도구이다.

　사람의 인품과 내적인 마음을 비춰 볼 수 있는 마음의 거울은 시장에서 살 수도 없고 물리적인 실체가 존재하지 않으며 다만 자신의 인품과 역량으로 스스로 만드는 것이다.

　자신의 생각과 마음의 내면을 비춰 볼 수 있는 마음의 거울은 외적인 모습을 비춰 볼 수 있는 물리적인 거울보다 더욱 소중하고 가치가 있는 무형의 보물이다.

　마음의 거울은 지성과 성숙한 인품을 키우고 스스로 깨닫고 뉘우치며 자신을 돌아볼 수 있는 아름다운 마음과 지적인 인품에 의해 만들어진다.

　마음의 거울은 조용하고 침착하게 생각을 가다듬고 긍정적인 사고로 자신을 돌아보며 옳고 그름과 선과 악을 깨닫고 뉘우치는 마음의 역량에 의해 좋고 나쁜 거울의 품질이 가늠된다.

　물리적인 거울에 비춰진 당신의 모습이 다른 사람일 수가 없듯이 마음의 거울에 비춰지는 것도 다른 사람일 수가 없다.

　편견 없이 사고하고 배우며 익힌 앎으로 문제됨을 바르게 이해하고 성숙한 인품으로 자신을 돌아보며 깨닫고 뉘우치는 것은 마음의 거울을 더욱 가치 있고 쓸모 있게 만드는 것이다.

　그리고 가치 있는 생각의 꽃을 마음에 피우려면 심신이 건강하고 정의롭고 강인한 마음의 힘이 뒷받침되어야 한다.

몸의 힘은 먹는 음식과 운동으로 키우지만 생각의 꽃을 피우는 마음의 힘은 배우고 익힌 앎과 수양된 소양과 성숙한 인품의 역량에 의해 키워진다.

영원한 마음의 꽃을 피우는 환경은 마음의 밭에 사랑과 감사, 열정과 용기, 용서와 화해, 앎과 지혜 등등이 아우러짐으로써 더욱 아름답고 가치 있는 영원한 마음의 꽃이 피게 된다.

만약에 마음에 부정적인 사고가 조금이라도 더해진다면 생각이 부정적으로 변하며 좋지 못한 환경이 만들어지게 된다.

그리고 부정적인 사고는 건강한 심신을 연약하게 변화 시키며 마음에 불신과 의심을 불러 드리고 매사의 판단을 흐리게 만들며 그르치는 근원이 된다는 것을 직시해야 한다.

추구하는 행복한 인생 여정을 위해 배우며 경험하고 익힌 앎을 성실하게 실천하며 키워진 성숙한 인품으로 부정적인 사고와 아집과 불신하는 마음을 치유하고,

긍정적으로 사고하는 강인한 마음에 용기와 열정으로 확신과 자신감을 키움으로써 당신의 생각은 영원한 마음의 꽃을 피우게 된다.

깨닫는 마음의 환희(歡喜)

2-2. 강인(強靭)한 마음의 힘을 키우자

물리적인 것이 되었든 정신적인 것이 되었든 사물의 실체를 움직이고 변화시키는 작용을 하는 것이 힘이다.

때문에 생각하는 실체가 유형이든 무형이든 힘의 작용 없이는 움직임과 변화되는 현상은 발생하지 않는다.

힘은 눈으로 볼 수도 없고 만질 수도 없는 무형이지만 일상에서 "힘이 있다 없다, 힘이 세다 약하다, 힘이 필요하다" 등등처럼 표현하며 많이 듣고 직접 사용도 한다.

이처럼 표현 자체만으로 볼 때 물리적으로 힘의 형체가 존재하는 것 같은 착각도 된다.

육체적인 힘과 정신적인 힘, 앎과 지성의 힘, 능력과 경험의 힘, 사회적인 지위와 권력의 힘 등등은 힘의 실체를 보고 만질 수 없는 무형이지만 심신을 움직이며 일상 활동을 하는 데 절대적으로 필요한 것이다.

이와 같은 힘을 유익하게 활용하며 효율적으로 사용하는 데 필요한 것을 함께 아우르는 것이 지적인 인품을 아우르는 마음의 힘이다.

심신이 건강하고 육체적인 힘이 있어야 물리적으로 활기 있게 활동할 수 있듯이 마음도 정신적으로 건강하고 힘이 있어야 정의롭게 생각하고 판단하며 활동하는 데 지장이 없다.

접하고 있는 현실이 어렵고 힘이 들고 눈물겹도록 고통스러운 역경을 극복해야 하는 환경일수록 정신적으로 강인한 마음의 힘이 뒷받침되어야 한다.

정신적인 고통을 참고 견디며 극복하는 주된 역할을 하는 것이 강인한 마음의 힘이다.

성숙한 인품과 강인한 의지에 의해 만들어지는 마음의 힘은 자신뿐만 아니라 주위의 어려운 환경을 부드럽게 융화시키며 문제를 해결하는 데 촉매제 역할을 한다.

사람은 누구나 육체적인 근력의 힘과 정신적인 마음의 힘을 공유하고 있다.

사람이 물리적으로 움직이기 위해서는 육체적인 힘이 필요하지만 정신적으로 심신을 아우르고 다스리며 관리하는 것은 마음의 힘에 의해 이루어진다.

육체적인 힘은 먹는 음식과 운동으로 키우지만 마음의 힘은 배우고 경험하며 익힌 앎으로 심신을 단련하고 수련하며 키워진 인품과 긍정적인 사고와 정의로운 생각에 의해 키워진다.

일상에 발생하는 여러 가지 일들을 정의롭고 합리적으로 해결하기 위해서는 육체적인 건강과 정신적인 건강이 균형 있게 유지되어야 한다.

만약에 육체적인 건강과 정신적인 건강의 균형이 잘못되는 경우에는 정상적인 심신의 건강상태가 유지될 수 없다.

언제나 건강한 신체에 건전한 정신이 깃들 수 있기 때문에 심신의 건강은 육체적 정신적으로 균형 있게 유지되어야 한다.

육체적 정신적으로 건강한 심신의 균형을 유지함으로써 강인한 마음의 힘은 자연스럽게 키워지며 익히는 프레임이 만들어진다.

사람의 성격, 감정, 품성, 의지, 생각 등등을 함께 아우르며 다스리는 마음의 힘을 강인하게 키움으로써 고난과 역경을 만나도 심신이 흔들림 없이 안정을 유지하며 정의롭게 사고하고 편견 없이 판단하며 선택할 수

깨닫는 마음의 환희(歡喜)

있다.

미래는 몸과 마음이 건강한 사람의 것이며 권력과 명예도 심신이 건강한 인격과 성품이 정의롭고 강인한 사람의 것이 된다.

선현과 선각자에 의해 전해지는 건강에 대한 소중함을 일깨워 주는 고사성어의 의미를 숙고해 본다.

"분실전재시소(紛失錢財是小), 상실명예시대(喪失名譽是大), 실거건강(失去健康), 취등우실거전부(就等于失去全部)."라는 의미를 마음에 새긴다.

'재물을 잃으면 조금 잃은 것이고, 명예를 잃는 것은 많이 잃는 것이며, 건강을 잃은 것은 전부를 잃는다'라는 건강의 소중함에 대한 가르침이다.

이와 같은 현자의 가르침을 마음에 새기고 건강의 소중함을 진솔하게 깨닫고 뉘우치는 기회를 가진다.

심신을 강건하게 만드는 데 가장 필요한 것은 강인(鋼靭)한 마음가짐과 건강을 유지하는 데 요구되는 것을 배우며 성실하게 실천하는 것이다.

강철 강(鋼), 질길 인(靭)자의 뜻을 숙고하며 지적인 마음을 키우고 수련하며 단련하고 심신의 힘을 키운다는 것은 건강하고 성숙한 인품을 만드는 뿌리이다.

일상에서 위험하고 힘든 모험이 따른다 해도 목숨을 잃지 않고 역경을 참고 견디는 경험을 함으로써 이에 상응하는 가치가 형성되며 마음의 힘은 더욱 강인해질 것이다.

인간은 만물의 영장이라는 위대한 존재이지만 대자연의 섭리를 수용하고 포용해야만 한다.

인생 여정을 통하여 어렵게 접해지는 것을 포용하고 수용해야 하는 피할 수 없는 4계절의 고통스러운 환경을 숙고하며 음미해 본다.

공기가 건조함으로 인하여 발생하는 농작물의 피해와 봄철의 많은 산불로 인하여 힘들고 고통스러운 재난을 극복해야 하는 봄,

지구의 온난화로 인한 살인적인 폭염이나 장마철의 폭우와 태풍의 피해에 시달리고 고통을 겪으며 참고 견뎌야 하는 여름,

가을철의 태풍으로 땀 흘려 경작한 오곡백과의 결실을 허무하게 송두리째 잃어버리는 가을,

살을 외는 엄동설한 추운 한파 속에 어려움을 참고 견뎌야 하는 매섭게 차가운 겨울,

이러한 4계절의 어렵고 힘든 환경을 겪으며 참고 견뎌야 하는 것이 인생 여정을 통하여 경험하게 되는 것이 인생이다.

이와 같은 자연의 섭리인 계절의 어려운 환경을 참고 견디는 최상의 방법은 심신을 건강하게 단련하고 수련하며 긍정적인 사고로 접해지는 현실을 수용하며 포용하는 건강한 심신으로 강인한 마음을 키우는 것이다.

마음의 힘이 강인하게 키워지는 경우와 그렇지 못한 경우를 숙고하며 이에 따라 다양하게 변하는 환경과 만들어지는 현상을 살펴본다.

성숙한 인품을 키우며 고통과 역경을 극복하고 필요한 것을 정의롭게 판단하고 실천하는 것은 강인한 마음의 힘을 키우는 바탕이다.

겸손하고 감사한 마음으로 주어지는 현실을 긍정적으로 사고하며 깨닫고 뉘우치는 것은 마음의 힘을 강인하게 만드는 영양제이다,

용기와 열정으로 정의롭게 도전하며 원하는 것을 성실하게 실천하는 것은 마음의 힘을 더욱 강인하고 성숙하게 만드는 촉매제이다.

마음의 힘이 건전하고 강인하게 성숙되면 어렵고 힘든 역경과 고난을

깨닫는 마음의 환희(歡喜)

지배할 수 있고 꿈과 희망을 찾아 원하는 것을 성취할 수 있는 환경이 만들어진다.

마음의 힘이 연약하고 강인하지 못하면 어렵고 힘든 역경을 견디지 못하고 어려운 환경에 굴복하며 지배를 받게 된다.

고난과 역경에 굴복하는 사람은 새로운 꿈과 희망의 끈을 잡지 못하고 실패하는 사람으로 전락하게 된다.

때문에 강인한 마음의 힘을 키움으로써 고난과 역경을 참고 견디며 힘들고 어려운 환경에서도 희망을 찾아 기회를 만들고 끈기 있게 실천하며 새로운 길을 개척함으로써 원하는 것을 성취하는 주인공이 된다.

힘든 역경과 고난에 굴복한 사람은 자신도 모르게 생각이 점점 부정적인 사고로 변하며 마음이 연약해짐으로 인하여 매사가 두려워지며 용기와 자신감을 잃게 된다.

그리고 마음이 강인하지 못하고 연약해지면 소심한 생각의 싹이 자라 의심하는 마음으로 변하여 부정적인 생각이 당신의 마음을 지배하기 시작한다.

부정적인 생각은 마음을 소심하게 만들고 조금만 어렵고 힘이 들어도 자신감이 없어지며 쉽게 포기하는 현상이 발생한다.

이러한 것이 한두 번 반복됨으로써 부정적으로 생각하는 습관이 만들어짐으로 인하여 강인한 힘이 키워져야 할 마음에 쓸데없는 의심과 불안과 걱정이 쌓이게 된다.

연약한 마음과 부정적인 사고는 남을 불신하고 시기하며 원망하는 비정상적인 사고에 의해 건전하게 생각하는 마음을 흐리게 만들며 마비시키는 현상을 초래하게 된다.

그렇지만 마음가짐이 강인하면 긍정적인 사고로 어려운 환경에서도 기회와 희망을 만들고 원하는 것을 성취하는 마음의 역량으로 자신감이 키워지며 지혜를 익히게 된다.

이처럼 강인한 마음가짐에 의해 만들어지는 것과 마음이 부정적이고 연약함으로 인해 만들어지는 결과가 다르게 형성된다는 것을 마음에 새긴다.

강인한 마음의 힘을 키우기 위해 지성을 키우며 익히는 사람은 그렇지 못한 사람과의 경쟁에서 항상 승리하게 되는 것이 경쟁의 이치이다.

이와 같은 현상을 마음에 새기며 깨닫고 뉘우치는 당신은 무엇을 어떻게 선택하고 실천하시겠습니까!

모든 선택과 실천은 자신의 몫이며 만들어지는 결과도 자신이 감당하고 책임져야 한다.

사람은 같은 생각을 반복하며 지속적으로 실천하고 행동함으로써 습관이 만들어지며 습관에 의해 만들어지는 결과를 누리며 살아가는 것이 사람의 숙명이다.

때문에 습관이 사람의 운명을 좌우하며 습관에 의해 현재와 미래의 환경이 형성되는 것은 인생사의 순리이다.

기대와 희망을 가지고 일상을 살아가는 인간의 본능과 추구하는 것을 숙고하며 마음가짐에 의해 만들어지는 현상을 살펴본다.

사람은 누구나 적은 것보다 많은 것을 희망하는 본능이 있다.

그리고 나쁜 것보다는 좋은 것을 원하며 악한 것보다 선한 것을 추구한다.

슬프고 불행한 것보다 즐겁고 행복한 것을 원하며 사회적인 지위가 낮

깨닫는 마음의 환희(歡喜)

은 것보다는 높은 것을 추구하는 것은 사람의 바람이다.

그럼으로 여유롭고 풍요로우며 즐겁고 행복한 일상을 만들기 위해 경제적으로 많은 비용과 시간을 투자하고 배우며 익히고 앎을 넓히며 필요한 지식을 얻기 위해 연구하며 노력한다.

그리고 접해지는 역경과 시련을 감당하며 어려운 환경에서도 포기하지 않고 꾸준히 원하는 것을 추구하며 실천하고 고난과 역경을 지배할 수 있는 심신의 역량을 추구한다.

결핍되고 연약한 마음으로는 고난과 역경을 견디며 추구하는 것을 변함없이 실천하는 것이 어렵다.

뿐만 아니라 마음이 강인하지 못하면 고난과 역경을 이기지 못하고 좌절하거나 포기하기 쉽게 마음이 연약하게 변한다.

연약한 마음으로는 아무리 애를 태워도 생각이 부정적으로 변질되며 불신하기 쉽고 발생된 문제들을 스스로 해결하려는 생각보다 남에게 미루거나 의지하려고 한다.

지신의 잘못을 자각하며 뉘우치는 마음보다 잘못된 것을 남의 탓으로 돌리며 자신을 정당화하려고 변명하며 "할 수 있다."는 마음보다 "할 수 있을까." 하는 소심함과 할 수 없다는 부정적인 생각이 점점 마음을 지배하기 시작한다.

마음이 부정적인 사고의 지배를 받게 되는 것은 일상에 가장 위험하고 잘못된 선택의 순간이다.

만약 이러한 환경을 접하는 경우에 지체 없이 소심함과 의심하는 것을 대범하게 버리고 긍정적인 사고로 생각을 바꿔야 한다.

당신의 생각을 바꾸지 않으면 아무것도 변화되지 않는다.

긍정적으로 사고하며 대범함으로 소심함과 의심하는 부정적인 사고를
치유함으로써 마음은 긍정적으로 변화된다.

그럼으로써 부정적인 생각의 싹을 대범하게 제거할 수 있고 부정적인
생각의 싹이 제거된 자리에 긍정적인 생각의 싹이 자라게 되며 마음을 변
화시킨다.

자신을 돌아보며 아집과 독선을 버리고 긍정적인 마음에 믿음과 확신
을 가짐으로써 부정적인 사고 대신 긍정적인 사고와 열정과 용기가 마음
에 채워지기 시작한다.

의심과 소심함과 두려움은 부정적인 생각을 잉태시키는 근원이라는 것
을 마음에 새기고 명심해야 한다.

긍정적인 생각에 의해 만들어지는 열정과 용기는 의심과 소심함에 의
해 형성되는 부정적인 생각을 없애 주며 치유해 주는 최고의 명약이다.

하고 있는 것, 듣고 있는 것, 생각하고 있는 것 등등에 대한 믿음과 확
신이 없으면 긍정적인 생각을 지속적으로 유지할 수 없는 환경이 만들어
진다.

믿음과 확신을 가지는 것은 용기와 열정을 샘솟게 하고 부정적이었던
마음을 긍정적으로 변화시키는 동력이며 근원이 된다.

사람의 마음가짐은 자신의 얼이며 생각이고 각오이며 결심이다. 때문
에 처음의 생각을 지키며 실천한다는 것은 자신의 얼을 이행하는 것이며
자신과의 약속을 실천하며 지키는 것이다.

무엇을 하든 처음의 생각과 결심을 이행하며 실천하는 마음의 중심을
잃지 않고 지키는 것은 성패를 가름하는 근원이다.

추구하는 목표를 위해 변함없이 실천하며 시작과 끝이 같기 위해서는

깨닫는 마음의 환희(歡喜)

무엇보다 강인하고 성숙한 마음의 힘이 뚝심 있게 뒷받침되어야 한다.

잘못된 것을 원망하거나 후회만 하지 말고 자신을 돌아보며 진솔하게 깨닫고 뉘우치는 마음을 가짐으로써 강인하고 성숙한 마음의 역량은 키워진다.

자신만이 많이 알고 똑똑하다는 잘못된 오만과 교만한 아집을 버리고 세상만사가 교만과 오만으로는 겸손과 성숙함을 이기지 못한다는 순리를 따라야 한다.

원망, 시기, 질투, 오만과 교만은 다툼의 근원이 되고 인간관계에서 적을 만들지만 겸손한 마음으로 깨닫고 뉘우치는 것은 자신의 인품을 성숙하게 만들 뿐만 아니라 상대를 우군으로 만드는 근원이 된다.

서로 돕고 어울리며 함께하는 환경에서 지나친 열정과 용기로 인하여 도전적이고 적극적인 행동이 자칫 교만과 오만으로 비춰지지 않도록 주의해야 한다.

그러나 정의롭게 도전하며 겸손하게 행동하는 것은 절대 오만과 교만한 모습으로 비춰지지 않는다.

아집과 독선은 교만과 오만으로 비춰지지만 겸손하게 도전하며 정의롭고 성실하게 행동하는 모습은 용기와 열정이 충만한 것으로 보여지며 주위로부터 인정받게 된다.

고난과 역경을 참고 견디는 강인한 마음과 감사할 줄 아는 것은 창의적인 생각과 환경을 만드는 좋은 방법이다.

흐르는 강물처럼 유연하고 부드럽게 매사를 융화시키며 포용하고 긍정적인 사고를 가지면 부정적인 생각이 없어지고 마음은 자연스럽게 온화하고 평화로워진다.

원하는 것이 뜻대로 되지 않아 어렵고 힘든 역경이 발생하는 것이 인생사의 현실이라는 것을 긍정적인 생각으로 포용하고,

자신을 힘들게 하며 마음을 괴롭히는 번잡한 갈등을 치유하기 위해서는 몸은 강하게 단련하고 마음은 겸손하게 수련하며 배우며 익혀 온 성숙한 인품으로 강인한 마음의 힘을 키우는 것이다.

깨닫는 마음의 환희(歡喜)

2-3. 사색(思索)하는 마음에 긍정적인 생각(生覺)을 담자

사색하는 마음에 담기는 긍정적인 좋은 생각의 실체는 희망을 만들어 주는 근원이다.

명상이 침묵하며 마음을 비우는 것이라면 사색은 생각하는 것에 깊이 빠지며 마음을 채우는 것이다.

사색하는 마음으로 선택한 생각의 실체를 긍정적인 사고로 실천함으로써 가능성이 창출되지만 부정적인 마음으로는 아무리 좋은 것을 선택하고 실천할지라도 가능성이 없어진다.

긍정적인 사고를 가지는 것은 자신의 마음과 생각에 의해 형성되는 자신의 권리이자 책임이며 희망과 가능성을 만들어 주는 근원이다.

사색하는 마음에 담겨지는 생각의 실체를 선택하고 실천하며 형성되는 환경과 만들어진 결과의 모든 것은 자신의 책임이며 스스로 감당해야 하는 몫이다.

사색하는 마음에 담겨지는 긍정적인 생각은 가능성을 만들어 주며 생각하는 것을 성공적으로 이끌어 주는 근원이 된다.

긍정적인 사고에 의해 만들어지는 현상과 부정적인 사고에 의해 만들어지는 현상을 숙고하며 음미해 본다.

긍정적인 사고는 무한한 가능성과 성공적인 환경을 만들어 주지만 부정적인 사고는 한계가 있고 부정적인 환경을 만든다.

추구하는 것이 무엇이 되었든 편협됨이 없이 긍정적인 사고로 판단하고 선택한 것을 성실하게 실천함으로써 바람은 현실로 변화되는 것이 순리이다.

때문에 긍정적인 생각은 한계가 없이 무궁하며 가능성을 제공해 주는 아이디어의 옹달샘이다.

그러나 부정적인 생각은 한계가 있고 올바른 선택과 판단을 흐리게 할 뿐만 아니라 가능한 것도 불가능하게 만드는 원인이 되며 포기하는 환경으로 변화된다.

때문에 부정적인 사고로 무엇인가를 생각하고 추구하며 실천한다는 것은 바람직한 가치가 형성되지 않을 뿐만 아니라 위선이고 거짓이며 허망한 꿈일 뿐이다.

어려운 역경과 힘든 환경이 만나질수록 긍정적인 사고로 사색함으로써 역경과 고난을 견디는 마음에 밝은 희망이 잉태된다.

싸늘하고 괴로운 마음을 따뜻하게 품어 주는 것이 희망이며 차갑게 얼었던 마음을 따뜻하게 녹여 주는 것이 부정적인 사고대신 긍정적인 사고를 가지는 것이다.

그리고 고정관념의 틀을 깨고 부정적인 사고를 버리고 긍정적인 생각으로 희망을 가지면 용기와 열정이 샘솟고 절망감이 없어지게 된다.

고정관념의 틀을 깨고 긍정적인 사고로 자신을 포기하지 않고 세상을 놀라게 한 토니 멜렌데스(Tony Melendes)를 마음에 새기며 교훈으로 삼아 본다.

그는 1962. 9. 1. 중미의 니콰라과에서 불행하게도 양손이 없이 세상에 태어났다.

그러나 그는 많은 역경과 어려움을 극복하며 발로 기타를 연주하는 유명한 연주자가 되었다.

일반적인 생각으로는 상상하기 힘든 것이다.

깨닫는 마음의 환희(歡喜)

하나님은 인간에게 할 수 없는 것은 요구하지 않는다는 굳은 신념과 믿음으로 세상을 긍정적인 생각으로 살아가는 것이 더 큰일과 더 많은 일을 해낼 수 있는 최상이라 확신한다.

그리고 참고 견디며 긍정적인 사고와 강인한 마음가짐으로 실천함으로써 더욱 가치 있고 보람된 결과를 형성하게 된다.

춥고 삭막한 겨울이 지나면 따뜻한 봄을 맞이하게 되는 것이 계절의 섭리이듯이 긍정적인 생각으로 역경과 시련을 겪으며 어려움을 극복할 때 더 좋은 기회와 결과가 만들어진다.

사색하는 마음에 담기는 긍정적인 생각에는 역경과 시련을 극복하고 바라는 것을 성취할 수 있는 능력이 잠재하고 있다.

즐거움과 행복은 특정하게 정해진 환경에 존재하는 것이 아니라 긍정적인 마음에 담겨지는 여유롭고 즐거운 감정에 의해 만들어지는 소중한 선물이다.

때문에 긍정적인 마음으로 행복하다고 생각하면 행복한 감정이 마음에 채워지며 불행하다고 생각하면 불행한 감정이 마음에 채워진다.

그럼으로 긍정적인 사고로 정의롭고 아름다운 것을 생각하는 즐거운 마음에 의해 여유롭고 행복한 감정이 만들어지는 것이다.

이처럼 마음에 형성되는 행복한 감정과 불행한 감정을 만드는 것은 당신의 생각에 의해 만들어진다.

그리고 모든 것은 당신의 마음의 지배를 받고 있다.

행복은 만족과 즐거운 감정을 함께 아우르며 심신의 만족감을 누리는 마음가짐의 상태이다.

때문에 만족과 즐거운 감정 없이 행복하기를 바란다는 것은 허상일 뿐이다.

　이러한 이치를 숙고하며 만들어지는 현상을 추리해 본다.

　지금 계절의 여왕인 5월의 싱그러운 연록의 정경과 아름다운 장미꽃을 감상하며 즐기고 있는 중이다.

　계절의 여왕인 5월의 정경은 싱그러운 연록의 화사함도 아름답지만 함께 어우러진 꽃 중의 꽃인 5월의 장미는 더욱 예쁘고 향기롭다.

　이처럼 아름답고 향기 짙은 장미이지만 꽃을 바라보는 사람의 환경과 마음가짐에 따라 느끼는 감정과 행동은 많은 차이가 있고 달라진다.

　즐거운 마음으로 아름다운 장미꽃을 감상하며 행복한 시간을 즐기는 사람이 있는 반면에 아쉽게도 마음이 편치 않아 어둡고 우울하다면 즐겁고 행복한 감정을 가질 수 없게 된다.

　아름답고 예쁜 꽃과 향기에 도취하여 즐거운 마음에 동하는 소유욕망을 채우기 위해 꽃을 꺾는 사람도 있을 것이다.

　아름답고 예쁜 꽃을 꺾다가 엉켜 있는 장미넝쿨의 예리한 가시에 찔려 심한 상처를 입는 경우도 발생할 수 있다.

　이때 자신의 부주위로 상처를 입은 것은 잊어버린 채 쓰리고 아픈 상처와 느끼는 고통 때문에 마음이 편치 않고 화가 나는 경우도 있다.

　이처럼 예쁘고 아름다운 장미에 혐오스럽고 날카로운 가시가 있을까!

　아름답고 예쁘게 핀 향기 짙은 장미를 즐겁게 감상하던 마음은 오간데 없이 순간적으로 불평불만과 좋지 못한 감정이 동하게 되어 기분을 좋지 않게 만든다.

　가시에 찔린 상처가 쓰리고 아픈 고통으로 인하여 변화된 불편한 마음에 동하는 격한 감정을 잠시 다독이며 보듬어 보자.

　　　　　　　　　　　　　　　깨닫는 마음의 환희(歡喜)

그리고 아름답고 향기 짙은 곱고 예쁜 장미를 감상하며 즐거워하던 마음을 돌이키며 긍정적인 사고로 자신의 실수를 인정하고 반성하며 숙고해 본다.

그럼으로써 격한 마음과 불만스럽고 고통스럽던 감정이 부드럽고 온화하게 변화될 것이다.

같은 환경에 처해 있지만 자신의 생각과 마음이 긍정적이냐 부정적이냐에 따라 느끼는 감정은 크게 달라진다는 것을 이해할 수 있다.

인생 여정에 겪는 매사의 일도 이처럼 유사할 것이다.

마음이 고통스럽고 불편하며 불만을 가진다는 것은 부정적인 생각에 의해 만들어지는 좋지 못한 감정이 표출되는 현상이다.

반면에 편하고 즐거운 마음을 가지게 되는 것은 긍정적인 생각에 의해 형성되는 자연스럽고 부드러운 마음의 현상이다.

때문에 같은 것을 가지고도 생각과 마음가짐에 따라 선택이 달라지고 결정이 달라지며 만들어지는 현상과 느끼는 감정도 많은 차이가 있게 되는 것이다.

긍정적인 생각으로 사색하며 바라보는 세상은 밝고 희망적이며, 꽃처럼 아름답고, 물이 가득한 호수처럼 풍요롭고, 높고 파란 하늘처럼 여유롭다.

그러나 부정적인 생각으로 사색하며 바라보는 세상은 오염되어 그늘지고, 어두우며 혐오스럽고, 마음이 불편하다.

이처럼 사고하는 마음의 프레임과 사물을 바라보는 생각에 따라 보고 느끼는 감정은 다양하며 형성되는 현상과 만들어지는 환경은 많이 다르다.

인간의 소유욕망과 욕구는 정도의 차이가 있을 뿐 누구나 가지고 있는 사람의 본능이다.

이러한 인간의 소유욕망과 욕구에 의한 마음가짐의 현상과 만들어지는 환경을 두 가지로 숙고해 본다.

하나는 많은 것을 가지고도 만족하지 못하고 불평불만하며 더 많은 것을 가지려는 탐욕과 욕심이 강한 마음가짐이다.

다른 하나는 바라는 것이 마음에 만족하지는 않지만 적은 것을 가지고도 주어지는 것에 감사하며 만족할 줄 아는 성숙한 마음이다.

많은 것을 가지고도 만족할 줄 모르고 더 많은 것을 가지려는 아집과 욕망으로 불평불만을 하는 것은 평소에 지니고 있는 부정적인 사고에 의해 녹슬고 더렵혀진 생각들이 선하고 착한 인간의 마음을 지배하고 있기 때문이다.

이러한 것에 마음을 지배당하지 않기 위해서는 긍정적인 사고로 생각을 다듬으며 더렵혀진 마음에 담겨 있는 생각의 실체를 깨끗이 잊어버려야 한다.

그럼으로써 부정적인 사고와 지나친 욕심에 의해 만들어지는 불신과 마음을 힘들게 하는 불평불만에서 벗어나게 된다.

부정적인 사고에서 벗어나 신선하고 정의롭게 생각을 바꿈으로써 긍정적인 마음으로 변화된다.

하지만 완전하지 못한 것이 인간의 마음이기 때문에 때로는 자신도 모르게 긍정적인 생각에 대응되는 부정적인 생각의 그림자가 마음에 드리워질 수도 있다는 것을 직시해야 한다.

이것은 좋은 생각에 반하여 좋지 못한 생각이 함께 어울리며 머물 수 있는 곳이 사람의 생각이고 마음이기 때문이다.

그럼으로 사색하는 마음으로 원하는 것을 추구할 때는 긍정적인 사고

　　　　　　　　　　　　　깨닫는 마음의 환희(歡喜)

로 좋은 것만을 선택하며 믿음과 확신을 가지고 성실하게 실천하며 자신을 돌아보는 것이 가장 중요하다.

긍정적인 사고로 아름답고 가치 있는 것을 생각하는 마음에 아름답고 가치 있는 생각의 싹이 자라 가치 있는 결과를 만든다. 긍정적으로 생각하는 좋은 것이라도 그것을 성실하게 실천하며 이행함으로써 상응하는 결과가 만들어질 수 있다.

생각하는 실체를 실천하지 않는 것이 이루어지는 것은 결코 존재하지 않으며 "세상에 공짜는 없다."고 하는 진리가 성경말씀에도 있다.

진솔한 마음으로 생각하고 추구하는 것을 성실하게 실천하는 만큼의 대가가 존재할 뿐이다.

부정적인 사고로 생각하는 마음을 가지면 피폐되고 파괴적이며 실패와 절망의 결과가 기다리는 것이 순리이다.

그럼으로 언제나 긍정적인 사고로 좋은 것을 생각하며 활기 있고 정의롭게 실천하는 강인한 마음을 키워야 한다.

사람의 마음은 믿음과 확신에 의해 용기와 열정이 생기고 의심과 불신에 의해 마음이 연약하고 퇴폐해지는 것이 순리이다.

긍정적인 사고와 부정적인 사고에 의해 형성되는 결과가 극명하게 달라지는 현상과 만들어지는 결과를 살펴본다.

긍정적인 사고로 믿음과 확신을 가지면 가능성이 창출되지만 부정적인 사고는 마음에 발생하는 의심과 불신으로 인해 가능한 것도 불가능하게 만든다.

긍정적으로 사고하는 마음에는 뜨겁게 요동치는 가슴에 열정과 용기가 만들어지며 심신의 활동을 활기차게 변화시키는 동력의 근원이 된다.

그러나 부정적인 사고는 마음을 소심하고 쇠약하게 변화시키므로 인해 불신과 불평불만이 쌓이며 희망 대신 절망이 자리하게 된다.

부정적으로 생각하는 마음에는 열정과 용기가 없어짐으로 인해 심신의 활동을 둔화시키며 사람의 마음을 늙어지게 만든다.

이처럼 긍정적으로 생각하느냐 부정적으로 생각하느냐에 따라 만들어지는 현상과 결과의 차이는 돌이킬 수 없을 만큼 극명하게 달라진다는 것을 깨닫고 뉘우치며 마음에 깊이 새겨야 한다.

그리고 긍정적인 사고로 믿음과 확신을 가지고 실천함으로써 더욱 성숙한 인품이 키워진다.

사람의 마음은 자신감과 확신이 있을 때 열정이 생기고 싱그럽고 활기차게 변화되며 마음이 젊어진다.

긍정적인 생각은 긍정적인 결과를 만들고 부정적인 생각은 부정적인 결과를 만든다는 평범한 이치와 순리를 마음에 수용함으로써 문제되는 것을 포용하며 해결하는 마음의 힘이 키워진다.

물리적이든 정신적이든 습관은 같은 생각과 같은 행동을 반복함으로써 자연스럽게 만들어지는 것이 이치이다.

생각과 마음가짐에 의해 만들어지는 습관은 좋고 나쁜 것을 구분하지 않고 형성된다.

긍정적으로 생각하는 습관은 좋은 것이며 부정적으로 생각하는 것은 나쁜 습관이라는 것은 누구나 잘 알고 있는 상식이다.

그러나 일상을 통하여 좋은 습관을 만들며 긍정적인 생각을 성실하게 실천하는 것이 많이 부족한 실상이 아쉬우며 모두가 숙고해야 한다.

주어지는 현실을 포용하며 옳고 그름을 판단하고 믿음과 확신을 가지고

깨닫는 마음의 환희(歡喜)

매사를 긍정적으로 생각함으로써 긍정적인 습관의 소유자로 변화된다.

의심과 불신으로 불평불만하며 매사에 소심한 마음을 가지면 부정적으로 생각하는 습관의 소유자가 될 뿐이다.

일생을 살아가며 수없이 만나지는 우주의 섭리인 계절은 신비하고도 조화롭게 봄, 여름, 가을, 겨울이라는 4계절로 되어 있다.

같은 4계절의 환경을 보고 겪으면서도 긍정적으로 생각하는 습관을 가진 사람과 부정적으로 생각하는 습관을 가진 사람에게 보이는 4계절의 정경에 대한 표현은 극명하게 다르다.

똑같은 4계절의 정경을 바라보면서 마음이 부정적이냐 긍정적이냐에 의해 만들어지는 생각과 표현의 차이를 비교해 본다.

먼저 부정적인 습관의 소유자가 보고 느끼며 생각하는 4계절의 정경에 대한 표현을 추리해 본다.

봄에는 날씨가 건조하며 황사와 미세한 먼지로 인해 공기가 나쁘고 각종 식물의 꽃가루가 심해서 못살겠다고 불평불만이 마음에 가득하다.

여름은 날씨가 무덥고 장마철에 비가 많이 오고 습하며 모기와 벌레들의 극성으로 활동을 하는 데 불편하고 일상생활에 많은 방해가 된다고 한다.

가을에는 나뭇잎이 말라 떨어지는 낙엽이 바람에 날려 거리가 깨끗하지 못하며 더럽고 지저분하다고 한다.

겨울에는 날씨가 너무 춥고 눈이 많이 와서 길이 미끄럽고 위험하며 활동하기가 불편하다고 불평불만이 마음에 가득하다.

무엇 하나 마음이 즐거우며 편하고 좋은 것은 하나도 없이 부정적인 생각으로 인하여 느껴지는 것은 모두가 불편한 세상만 보일 뿐이다.

그러나 이러한 사람도 부정적인 생각을 긍정적인 생각으로 바꾸면 4계절의 정경을 아름답게 바라보며 즐거운 마음을 가질 수 있게 변화된다.

긍정적인 사고로 아름다운 세상을 바라보기 위해서는 부정적인 사고를 버리고 긍정적인 사고로 믿음과 확신을 가지고 자신을 돌아보며 긍정적인 마음을 가져야 한다.

그럼으로써 똑같은 4계절의 정경이지만 부정적인 생각의 프레임을 벗어나게 된다.

그리고 긍정적인 마음으로 바라보는 4계절의 표현은 이러하다.

봄이 되면 날씨가 건조하고 황사와 미세 먼지가 심하다고 하지만 따사로운 햇빛과 고운 연두색 싹들이 솟아나고 가지각색의 꽃을 감상하며 생동감을 즐길 수 있는 아름답고 좋은 계절이다.

여름은 무덥고 습하다고 하지만 더위를 달래 주며 초목들을 잘 자랄 수 있게 하고, 더러운 것을 씻어 주는 비가 내리고, 이름 모를 풀 향기와 매미 소리를 즐길 수 있고, 싱그럽게 짙어진 녹음의 정경이 아름답고 시원하다.

그리고 피톤치드 향이 가득한 우거진 숲길을 거닐며 더위를 달래고 심신의 건강을 위해 자연을 즐기며 녹음과 함께 힐링할 수 있어 참으로 고마운 계절이다.

가을에는 오곡백과가 결실을 맺어 풍요로운 가을의 정서와 오색 단풍으로 물들여진 산야와 아름답고 예쁜 낙엽이 바람에 날리며 뒹구는 계절의 정경이 마음을 설레게 한다.

그리고 가을이라는 계절의 이미지가 풍기는 아름답고 풍요로운 결실의 정서를 즐길 수 있어 감사하다.

겨울이 되면 춥고 길이 미끄럽기는 하지만 낙엽 진 가지에 눈이 쌓이고 산야에 하얗게 핀 눈꽃을 감상하며 스키를 즐길 수 있는 계절의 낭만과

깨닫는 마음의 환희(歡喜)

겨울만이 가지고 있는 계절의 정경과 정서가 아름답고 멋있다.

이처럼 긍정적으로 생각하는 마음을 가지고 있는 사람은 항상 모든 면에서 마음이 아름답고 풍요로우며 행복하고 여유롭다.

사색하는 마음에 긍정적인 생각을 가지면 삶의 질을 향상시킬 수 있는 기회와 환경이 주어지며 바람을 현실로 변화시키는 마음의 역량이 키워진다.

만약에 부정적인 생각을 조금이라도 마음에 가지면 당신의 마음을 괴롭히는 악의 유혹이 기다린다는 것을 한시라도 잊지 말아야 한다.

긍정적인 생각으로 성실하게 실천하는 강인한 마음은 긍정은 긍정을, 부정은 부정을, 악은 악을, 선은 선을 등등처럼 같은 부류의 의미를 마음에 끌어당긴다는 것을 깨닫고 뉘우치는 마음에 수용하고 주어지는 현실을 포용하며 성실하게 실천하자.

사색하는 마음에 긍정적인 생각을 담아 원하는 생각과 마음을 끌어당기는 속성을 활용하고 실천함으로써 인생 여정을 즐겁고 행복하게 누리는 주인공이 된다.

3.

앎(知)을 실천(實踐)하는
마음의 향기(香氣)

온 누리에 존재하는 어떤 사물이나 추상적인 것에 대해 배우며 경험하고 익힌 앎을 실천하며 추구하는 삶을 꾸려 가야만 하는 것이 사람이다.

접하고 있는 현실과 환경을 더욱 발전시키며 행복한 인생을 위해 많은 비용과 시간을 투자하며 더 좋은 앎을 위해 연구하고 전문성을 추구하며 성실하게 실천함으로써 인품은 더욱 성숙하게 키워진다.

앎(知)은 사람의 내적인 면과 외적인 면을 모두 아우르는 심신이 지니고 있는 깊고 넓은 인간의 지성과 생각, 선택, 판단, 결심, 행동, 실천 등등의 모든 것을 위해 준비하며 대응하고 시작할 때 가장 필요하고 소중한 것이 앎이다.

앎(知) 없이 실천할 수 있고, 될 수 있는 것은 아무것도 없다.

그리고 배우고 익힌 앎이나 경험과 연구를 통하여 터득한 것을 유익하게 활용하기 위해 몸과 마음으로 앎의 실체를 실현하기 위해 이행하는 것이 실천이다.

때문에 모든 것을 위해 무엇을 언제 어떻게 준비하고 시작하며 대응하느냐 하는 것은 실천 없이 할 수 있고, 될 수 있고, 이루어지는 것은 아무것도 없다.

배우고 익히며 취득한 앎이 되었던 경험과 연구를 통하여 터득한 앎이 되었던 앎을 실천함으로써 그것에 대한 가치가 형성되며 결과가 만들어지는 것이 이치이다.

앎의 실체를 실현하기 위해 실천하는 것이며, 앎을 실천함으로써 바라는 현실이 만들어지며 실현된다.

그럼으로 앎은 현실을 위한 시작이며, 실천은 현실을 위한 앎의 완성이 되는 것이다.

깨닫는 마음의 환희(歡喜)

표제의 앎(知)이란 표현은 지식, 상식, 경험, 전문성 등등의 모든 것을 아우르는 표현이다.

앎과 실천을 분리한다면 앎에 대한 실효성과 가치가 형성되지 않는다는 것을 숙고해 본다.

추구하는 현실을 실현하기 위해 앎을 실천하는 것이 필요하며 앎은 실천함으로써 앎의 실효성과 가치가 형성되며 결과가 만들어진다.

아무리 좋은 앎이 있다 해도 그것을 바르게 이해하고 성실하게 실천하지 않으면 아무런 가치도 형성되지 않으며 결과도 만들어지지 않는다.

꽃다운 얼굴은 한철에 불과하지만 아름다운 마음의 향기는 일생 동안 지속된다.

아무리 아름답고 예쁜 장미의 향기도 일주일이면 시들지만 사람이 지니고 있는 성숙한 인품의 향기는 영원하다.

인간의 생명은 나약하고 짧지만 성숙한 인품의 향기는 영원하다는 의미를 표현하여 마음의 향기라고 했다.

심신을 단련하고 수련하며 연구를 하든, 운동을 하든, 원하는 생각과 결심한 것에 대한 목표를 세우고 끊임없이 실천함으로써 바라는 것이 실현될 수 있다.

일생을 살아가며 생각과 마음으로는 갖고 싶고, 되고 싶고, 하고 싶은 것들이 많이 있다.

그러나 실천 없이 생각과 마음만으로 이루어지는 것은 세상에 하나도 없다.

아무리 많이 배우고 지식이 많고 고귀한 앎을 가지고 있다 해도 가지고 있는 앎을 바르게 실천하지 않는다면 모든 것은 망상이며 허망한 꿈일 뿐이다.

앎을 실천하는 것도 중요하지만 어떤 마음가짐으로 실천하느냐에 따라 형성되는 앎의 가치와 결과는 많이 달라진다.

때로는 앎을 실현하기 위해 젊음의 패기와 열정만으로 거대한 것을 선택하고 급하게 도전하며 실천하는 경우도 있다.

원하는 것을 성취하기 위해 의욕과 패기로 도전하며 실천하는 것도 필요하지만 더욱 중요한 것은 할 수 있고, 될 수 있는 것을 숙고한 후 선택하고 실천하는 것이 순서가 되어야 한다.

평범하고 작고 쉬운 것부터 실천하며 좋은 결과가 이루어지는 과정을 즐겁게 경험함으로써 실천에 대한 실효성과 가치를 깨닫고 뉘우치는 마음에 감화되는 즐거움을 가지게 된다.

무엇을 하든 특별하고 거대하며 어렵고 힘든 것을 선택하고 실천에 옮겨지는 경우 자신의 역량이 부족하여 중도에 포기하는 경우만은 없어야 한다.

물리적인 것이 되었든 정신적인 것이 되었든 포기한다는 것은 실패의 극치이며 패배의 상징이다.

그럼으로 시작하기 전에 신중하게 생각하고 판단하며 숙고하는 것이 요구되며 필요하다.

일상을 살아가며 매사가 그리 만만한 것은 하나도 없다는 것을 마음에 새기고 무엇인가를 시작할 때는 어렵고 특별하며 크고 위대한 것보다 평범하고 보편적이며 작은 것부터 선택하고 실천하며 원하는 것을 성취하는 즐거움을 가지도록 해야 한다.

그럼으로써 실천을 위한 용기와 열정과 자신감이 키워지며 실천하는

　　　　　　　　　　　　　　　깨닫는 마음의 환희(歡喜)

마음의 향기에 의해 형성되는 즐거움을 누릴 수 있다.

원하는 것을 성취하기 위하여 사고하고 판단하며 결정한 것을 시작했으면 포기하지 않고 끝까지 실천하는 습관을 만드는 것은 앎을 실천하는 마음의 향기를 더욱 가치 있게 만드는 지름길이며 근원이다.

포기하지 않고 실천하는 습관을 가짐으로써 자신감과 용기가 키워지며 열정과 확신이 마음에 담겨지는 즐거움을 누릴 수 있다.

만나지는 환경이 어렵고 힘이 들어도 역경의 순간순간과 시련의 고비고비마다 사색하고 묵상하며 고진감래의 의미를 마음에 새기는 것은 자신을 응원하고 인도해 주는 멘토이며 포기하지 않고 참고 견디는 용기와 열정을 샘솟게 하는 원천이다.

몸의 힘은 먹는 음식과 운동으로 키워지지만 강인한 마음의 힘은 배우고 경험하며 익힌 앎과 역경을 참고 견디며 키워지는 성숙한 인품에 의해 만들어진다.

접해지는 역경을 참고 견디는 인내심이 강하면 강할수록 만들어지는 강인한 마음의 힘이 키워지며 성실하게 실천함으로써 지혜는 익혀진다.

그리고 마음의 역량은 더욱 숙련되고 성숙하게 키워지며 앎을 실천하는 마음의 향기는 더욱 향기롭고 가치 있게 형성된다.

앎을 성실하게 실천한다는 것은 개인적으로는 접해지는 현실을 더욱 즐겁고 행복하게 만들며 사회적으로는 관계되는 공동체를 더욱 발전시키는 밑거름이 된다.

앎을 실천하며 진솔하게 깨닫고 뉘우치는 정도의 차이에 따라 달라지는 다양한 형태와 변화되는 현상을 숙고해 본다.

첫 번째로 앎을 실천하면서 앎의 실체에 대하여 진솔하게 이해하고 깨닫는 마음이 빠른 사람이다.

　이러한 형태의 사람은 배움과 지식이 풍부하고 인격이 성숙되고 생각이 긍정적이며 성실하게 실천하는 마음이 충실하다.

　두 번째는 앎을 실천하고 이행하면서도 앎의 실체를 이해하는 것이 시간이 지난 후에야 깨닫고 뉘우치는 형태이다.

　이런 사람일수록 후회하는 경우가 많이 발생한다.

　그러나 자신의 잘못을 깨닫고 뉘우치며 옳고 그름을 자각하는 것은 대단히 바람직한 현상이다.

　이와 같은 형태의 사람에게는 스스로 변화하며 발전하는 기회가 주어지며 앎을 실천하는 것에 대한 의미와 실효성에 대한 것을 더욱 진솔하게 깨닫고 뉘우치는 기회가 만들어진다.

　세 번째는 앎을 실천하면서도 그것에 대한 진솔한 의미를 깨닫고 뉘우치는 것을 떠나 바르게 이해하지 못하는 사람도 있다.

　이러한 사람은 앎을 실천하는 것에 대해 별로 관심이 없고 마음가짐이 부정적이고 나태하며 수동적인 성격의 소유자이다.

　이와 같은 사람은 발전을 기대할 수가 없을 뿐만 아니라 시간이 지날수록 점점 퇴보하며 낙오자로 전락하는 길을 가게 된다.

　이처럼 앎을 실천하며 깨닫고 뉘우치는 정도와 차이에 따라 많은 변화가 발생한다.

　그리고 앎을 실천하며 진솔하게 깨닫고 뉘우친다는 것은 대단히 소중하며 스스로 심신을 단련하고 수련하며 성숙한 인품을 키우고 지혜를 익히는 바탕이 되며 지름길이다.

　인품을 키우고 지혜가 익혀지는 앎에 의해 변화되는 현상과 만들어지는 환경을 숙고해 본다.

건강한 몸과 정의로운 마음으로 앎을 위해 배우고 익히면 익힐수록 인격이 수양되고 인품이 성숙되며 올바르게 실천하는 마음의 역량이 키워진다.

앎이 정의롭지 못하거나 앎의 활용 방향이 잘못 선택되면 앎의 가치는 크게 달라진다.

그리고 같은 앎이라도 그것을 실천하며 활용하는 마음이 향기롭지 못하면 자신을 괴롭히며 해롭게 하는 앎으로 변한다.

때문에 앎을 실천하는 마음의 향기라고 모두가 바람직한 것은 아니다.

그럼으로 앎을 활용하는 방향은 언제나 정의롭고 선한 것을 선택하고 실천함으로써 앎의 향기는 더욱 가치 있게 만들어진다.

세상을 살아가며 접해지는 환경은 자신의 의지대로 선택할 수 없지만 생각과 마음은 자신이 의지대로 선택할 수 있다.

정의로운 앎을 실천하는 마음에 정의로움이 형성되며 불의와 좋지 못한 앎을 실천하는 마음에 좋지 못한 결과가 형성되는 것은 변함없는 이치이다.

좋은 포도를 숙성시키면 숙성시킬수록 좋은 포도주가 되듯이 배우고 경험하며 익힌 앎으로 인격을 수양하며 인품이 성숙해지면 성숙해질수록 좋다는 것은 변치 않는 순리이다.

앎을 실천하는 마음에 정의롭고 강인한 의지가 담겨질 때 마음의 역량과 능력이 키워지며 용기와 열정이 생긴다.

추구하는 삶을 만들어 가는 일상의 환경은 긍정적인 사고와 싱그럽고 상쾌한 마음으로 새날의 아침을 맞이함으로써 더 좋은 기회와 환경이 만들어진다.

언제나 맞이하는 새날의 아침은 하루의 기대와 희망을 태동시키는 소중한 시간이다.

생동감 넘치는 싱그러운 아침시간의 소중함을 깨닫고 뉘우치며 원하고 있는 것을 바르게 실천하기 위해서는 언제나 강인한 의지와 근면성이 뒷받침되어야 한다.

강인한 의지와 근면성으로 앎을 성실하게 실천하며 원하는 것을 성취하는 근원을 만들고,

운동하는 습관으로 몸은 건강하게 단련하고 공부하는 습관으로 마음은 강인하게 수련하며,

끊임없이 배우며 경험하고 익히며 성숙한 인품을 키움으로써 앎을 실천하는 마음의 향기는 더욱 향기롭고 가치 있게 형성된다.

앎을 실천하는 마음의 향기를 위해 주어진 현실에 충실하고, 긍정적인 사고의 소중함을 진솔하게 깨닫고 뉘우치며, 지난 것을 돌아봄으로써 더 좋은 기회가 만들어지며, 성실하게 실천함으로써 이룸의 환경으로 변화된다.

오늘을 위한 성실한 실천은 내일을 위한 발판이며 미래의 희망을 밝혀주는 찬란한 빛이다.

오늘의 시간과 환경의 소중함을 깨달으며 실천하는 마음의 향기는 오늘이라는 의미 자체만으로도 생동감 있고 향기로우며 원하는 것을 성취하는 동력의 근원이다.

때문에 오늘의 환경이 아무리 힘들고 괴로워도 참고 견디며 희망의 끈을 잡고 있어야 앎을 실천하는 마음의 지혜가 태동되며 성취하는 즐거움

　　　　　　　　　　　　　　　깨닫는 마음의 환희(歡喜)

을 누릴 수 있는 환경이 만들어진다.

하루를 여는 시간의 아침은 오늘을 열고 밝히지만 참고 견디는 마음의 아침은 확신과 열정으로 꿈과 희망의 문을 열어 준다.

긍정적인 마음에 강인한 의지와 열정이 더해지면 극복하지 못할 어려움도 해결하지 못할 난관도 없어진다.

긍정적인 사고로 앎의 실체를 실천하는 강인한 마음에 "벌써와 아직"이란 언어의 의미를 담고 숙고해 본다.

하루의 해가 길고 지루하게 느껴지면 긍정적인 사고로 "벌써 해가 서산에 와 있네!"라는 생각으로 마음의 지루함을 다스리고, 짧다고 느껴지면 "아직도 해가 많이 남아 있네."라는 생각으로 마음을 다스려 보시라!

벌써와 아직도 라는 언어의 의미와 이미지를 긍정적으로 사고하며 실천하는 마음의 시간을 다스림으로써 심리적으로 시간과 환경을 조정하며 변화시키는 것이 가능해진다.

이처럼 긍정적인 사고로 자신의 생각과 마음을 다스림으로써 오늘이라는 마음의 시간을 자신이 지배할 수 있는 것이 앎을 실천하며 만들어지는 마음의 지적인 향기이다.

실천하는 마음의 지적인 향기는 당신의 생각이고 결심이며 각오이고 지혜이다.

앎을 실천하는 마음에 주어지는 생각의 소중함을 깨닫고 뉘우치는 마음의 깊이만큼,

성실하게 실천하며 주어진 현재의 시간과 환경을 진정으로 아끼는 마음의 넓이만큼,

현실에 충실하며 주어지는 시간과 환경을 다음으로 미루지 않고 실천

하는 강인한 의지의 크기만큼,

어떠한 역경과 고난도 참고 견디며 극복할 수 있는 용기와 자신감이 만들어지며 실천하는 마음의 향기는 발전과 번영을 위한 기회이며 도약의 근원이 된다.

세상을 살아가며 사람이 겪는 괴로움과 즐거움은 따로 존재하는 것이 아니라 같은 마음에 존재하고 있다.

때문에 마음에 가지고 있는 아집과 과욕을 버리면 고통과 괴로움이 없어지며 즐거움이 채워진다.

사람에게 부족한 것이 성실성과 근면성이고 모자란 것이 지속성이며 키워야 하는 것이 강인한 의지와 마음가짐이다.

삶은 언제나 현실에 충실하고 주어지는 것을 성실하게 실천하며 근면하게 살아가는 것이 마음의 부자이다.

배우고 경험하며 익힌 앎을 성실하게 실천하며 깨닫고 뉘우침으로써 지성과 인격은 수양되고 인품을 키우며 마음을 성숙하게 만드는 뿌리이다.

앎을 실천하는 마음이 성실하고 근면하면 지혜를 배우고 익히지만, 게으르고 성실하지 못하면 아무리 좋은 앎이라도 쓸모없게 변질된다.

긍정적인 사고로 마음의 문을 활짝 열고 시야를 넓히며 자신을 다스려 보는 기회를 가지고 소통하는 역량을 키워야 한다.

내가 낳아 기른 자식도 내 마음대로 할 수 없는데 어찌 어려움과 소통 없이 실천하는 마음이 자신의 의지대로만 될 수 있기를 바라는가!

인간은 생각에 따라 달라지는 것이 마음이고 수없이 바뀌는 것이 우리들 앞에 전개되고 있는 삶의 환경이다.

우리에게 주어지는 삶의 환경은 언제나 고착되어 있는 것이 아니며 바꾸고 변화되는 진행형이다.

때문에 세상사 모든 것은 자신의 생각과 마음에 따라 변화되고 강인한 의지에 의해 달라질 수 있다.

그럼으로 아름다운 마음과 긍정적인 생각의 안경을 쓰고 바라보는 세상은 모든 것이 밝고 아름답게 보여진다.

그러나 불편한 마음과 부정적인 생각의 안경을 쓰고 바라보는 세상은 모든 것이 어둡고 불만스럽게 보이게 된다.

이처럼 모든 것은 있는 대로 보이는 것이 아니라 생각한 대로 보이게 되는 것이다.

앎을 실천하는 마음에 어떤 생각으로 사물을 바라보느냐에 따라 보이는 현상이 달라진다는 것을 긍정하며 확신함으로써 매사를 바르게 보고 옳게 판단할 수 있는 능력이 키워진다.

가치 있는 삶을 개척하기 위해서는 긍정적인 마음의 안경을 쓰고 생각하고 판단하며 정의롭게 선택하고 실천해야 한다.

같은 것을 가지고도 생각하는 마음가짐에 의해 느끼는 감정이 만들어지는 것이기 때문에 즐거운 마음을 가지면 즐거운 감정이 동하고 슬픈 마음을 가지면 슬픈 감정이 당신의 마음을 지배하게 되는 것이 순리이다.

세상을 살아가며 뜻하지 않게 만나지는 장애물과 어려운 환경이 접해지는 경우 주저앉아 좌절하거나 포기하는 사람이 있는 반면에 만나지는 장애물과 겪고 있는 시련과 역경을 극복하며 희망을 찾아 기회를 만들고 새로운 길을 개척하는 사람도 있다.

시련과 역경에 굴복하여 좌절하고 주저앉아 포기를 하느냐 참고 견디며 희망을 찾아 기회를 만들고 새로운 길을 개척하느냐 하는 것은 자신의 강인한 의지와 선택에 달려 있다.

때로는 강인한 의지로 시련과 역경을 극복하면 기적이라는 현상도 만들어진다.

기적이란 현상은 하늘에서 떨어지는 것이 아니라 자신의 생각과 강인한 의지로 어려운 현실을 포용하며 성실하게 실천하는 마음에 담겨지는 소중한 선물이다.

현실이 아무리 힘들고 시련과 역경이 접해진다 해도 부정적인 생각은 포기의 모태가 되지만 긍정적인 생각은 꿈과 희망을 잉태시키는 모태이다.

포기냐 희망이냐 하는 것은 모두가 당신의 의지이고 선택이며 앎을 바르고 강인하게 실천하는 진솔하고 근면한 긍정적인 마음가짐에 답이 잠재되어 있다.

긍정적인 사고로 앎을 실천하는 마음은 무한하며 새로운 기회와 방법과 가야 할 길을 다양하게 가르쳐 주는 스승과 같다.

원하는 것이 무엇이 되었든 원하는 것은 당신의 진솔한 생각과 긍정적인 사고에 의해 태동된다.

인생 여정을 통하여 생각이 막막하고 가야 하는 길을 모르면 가야 할 길을 찾으면 되고, 길이 막히면 길을 개척하고 창조하면 만들어지는 것이 마음의 길이다.

접해지는 역경과 시련에 좌절하지 않고 이를 극복하며 포기하지 않음으로써 더 큰 기회가 주어지며 더 좋은 가치가 형성된다.

그리고 긍정적인 사고와 강인한 마음이 뚝심 있게 뒷받침됨으로써 방법과 길을 창조하는 환경이 만들어진다.

앎을 실천하는 마음의 눈에 쉽게 보이는 것만 보지 말고 긍정적인 마음의 눈으로 새로운 것도 찾아볼 수 있는 안목과 통찰력을 넓히고 키움으로써 원하는 방법과 길이 보이며 새롭게 창조할 수 있다.

사람들이 겪고 있는 실패와 역경과 시련은 많은 것을 가르쳐 주고 익혀 주는 마음의 스승이며 강인한 의지와 심신을 성숙하게 수련하고 단련시켜 주는 트레이너이다.

앎을 실천하며 주어지는 앎의 실체의 속성을 깨닫고 뉘우치는 마음가짐의 형태에 의해 만들어지는 현상을 살펴본다.

주어진 앎의 실체의 속성을 이해하고 실천하며 자신을 돌아보고 잘못됨을 바로잡는 형태와 속성을 알고 있으나 잘못됨을 바로잡지 못하는 사람이 있다.

잘못됨을 바로잡지 못하는 사람은 부정적인 사고와 자신의 아집과 교만으로 인해 정의롭게 앎을 깨닫고 뉘우치며 실천하는 마음이 오만하기 때문이다.

세상을 살아가며 마음에 드는 소리만 듣지 말고 쓴 소리도 들을 수 있어야 올바르게 깨닫고 뉘우치며 편협됨이 없이 정의롭게 실천할 수 있는 소양과 인품이 키워진다.

정의로운 방법과 길을 창조하는 것은 편협됨과 편견 없이 판단하는 겸손한 마음으로부터 시작된다.

스스로 부족함과 잘못됨을 자각할 수 있어야 진솔하게 깨닫고 뉘우치는 마음에 확신과 자신감이 자리하며 용기와 열정이 만들어진다.

믿음과 확신은 자신감을 샘솟게 하는 원천이며 희망과 꿈을 가지는 것은 활기차게 실천하는 마음에 용기와 열정을 키우는 원천이다.

희망과 꿈을 잃게 됨으로써 만들어지는 실망감에 의해 마음이 빈약해지며 매사에 소극적이고 부정적이며 불평과 불만의 친구로 변화된다.

부정적인 생각과 불평불만을 가짐으로써 마음이 연약하게 변하며 자신감과 열정이 없어지고 자신도 모르게 실망과 실패의 늪으로 빠지게 되는 원인이 된다.

자신을 괴롭히며 참된 인생길을 방해하고 파괴하는 원인은 부정적인 사고와 편협된 생각, 교만과 자존심, 과욕, 질투, 분노 등과 같은 것으로부터 시작된다.

행복한 삶을 개척하며 발전시키기 위해서는 항상 배우고 익힌 앎을 정의롭게 실천하는 마음가짐으로 덕과 복을 쌓는 겸손한 마음과 성실함이 바탕이 되어야 한다.

그리고 덕과 복을 쌓기 위해서는 긍정적으로 사고하는 마음과 성실하게 앎을 실천하는 열정으로 검소하고 겸손하게 행동하며 매사에 감사하는 마음을 가지는 것이다.

사람은 세상에 태어나서 누군가와 함께 무엇인가를 이루기 위해 서로가 아우르고 돕고 소통하며 살아가야만 하는 사회적인 동물이며 만물의 영장이다.

많이 배우고 똑똑하고 훌륭한 사람이라도 사회공동체의 일원으로서 인생을 살아가며 접해지는 환경과 필연적인 만남을 수용하며 정의롭게 활동할 수 있어야 한다.

인간은 다른 생명체보다 개체 능력이 부족하여 독불장군으로 혼자서 살아가기 어려운 사회적인 동물이다.

때문에 인간은 앎과 지성과 지혜로 가정을 이루고 만남으로 공동체를 만들며 국가와 세계화를 형성하며 발전하고 있다.

깨닫는 마음의 환희(歡喜)

그러나 사람의 만남과 접해지는 환경은 원하든 원치 않던 좋은 경우와 나쁜 경우가 상존하는 것이 접해지는 삶의 실상이다.

만남과 관계는 의식적이거나 무의식적으로 접해지는 것이지만 언제 어디서 어떠한 환경이 접해지느냐 하는 것은 인생의 소중한 순간이며 중요한 기회이다.

주어지는 기회와 만나지는 순간순간을 숙고하며 고정관념의 틀을 벗어나 어렵고 힘이 들수록 긍정적인 사고로 다르게 생각해 보며 판단하고 소통하는 기회를 가져야 한다.

그럼으로써 어렵고 힘든 환경을 해결할 수 있는 희망이 보이고 좋은 방법이 개척된다.

그러나 하나 더하기 하나는 둘이 된다는 수식과 같은 정답을 찾으려고 하는 욕심을 가진다면 잘못을 범하기 쉽다.

의식적이든 무의식적이든 필연적인 서로의 만남과 관계에서 이루어지는 결과가 수식과 같이 정답이 만들어지지 않는다는 것을 직시하고 이해하며 포용해야 한다.

그리고 최선의 방법은 서로가 이해하고 양보하며 모두가 수긍할 수 있는 최대공약수를 도출하는 것이 최상의 정답이 된다.

사회 활동의 성공과 실패를 가름하리만큼 중요한 것이 사람의 만남이고 관계이다.

그러나 원치 않게 만남과 관계가 잘못됨으로 인하여 뜻대로 되지 않는 현상이 많이 발생한다.

만남과 관계는 우연이든 인위적이든 고착되지 않고 생각에 따라 다양하게 변화되는 진행형이다.

때문에 서로의 만남과 관계가 아름답게 지속되지 않고 지속될수록 미덥지 못하고 불편한 생각이 드는 경우도 발생할 수 있다.

아름다움의 상징인 꽃이 예쁘고 향기롭지만 시간이 흐르면 꽃이 시들고 변하여 어쩔 수 없이 꽃을 버리게 되듯이 만남과 관계를 잊어야 하고 버려야 하는 경우도 발생될 수 있다.

그리고 서로의 만남과 관계가 만날수록 생선의 비린내처럼 역겨운 경우도 만들어질 수 있다.

이처럼 시들어진 꽃과 같이 버려야 하고, 만날수록 미덥지 못하며 역겨운 생선의 비린내 같은 경우가 만들어져서는 안 된다.

서로가 아프고 슬픈 마음을 보듬어 주며 흐르는 눈물을 닦아주는 손수건과 같고, 눈과 비를 막아 주는 우산과 같은 만남과 관계가 형성되고 지속될 수 있어야 한다.

있을 때 존중하고, 없을 때 칭찬하며, 곤란할 때 도와주고, 베푼 것 생각지 말고, 은혜는 잊지 말라는 가르침을 숙고해 본다.

어렵고 힘들수록 서로가 아픈 심신을 위로하고 다독이며 협조하고 동행하는 마음으로 만남과 관계를 존속시키며 마음을 다스려야 복과 덕이 따르며 성숙한 인품의 소유자가 된다.

좋은 만남과 관계는 어렵고 힘이 들어 곤경에 빠져 죽어 가는 사람을 살리지만 나쁜 만남과 관계는 좋지 못한 환경을 만들고 서로가 돌이킬 수 없는 상처만 깊게 남기게 된다.

겸손한 마음가짐으로 상대방을 귀하게 생각하며 좋은 만남과 관계를 만드는 것을 실천하는 마음은 즐겁고 아름다운 인생 여정을 통하여 복과 덕을 불러들이는 근원이다.

깨닫는 마음의 환희(歡喜)

복과 덕은 정의로운 생각과 검소하고 겸손하며, 착하고 선하며, 성실한 마음에 잉태되는 소중한 선물이다.

아집과 교만한 마음으로 남을 폄하하고 생각이 정의롭지 못하면 자신을 괴롭히는 허물과 죄악의 싹이 자라며 재앙과 걱정을 불러들이는 원인이 된다.

이러한 이치를 깨닫고 뉘우치며 자신의 현재와 미래를 덕이 있고 복되게 만들기 위해서는 늘 배우며 익히고 앎을 성실하게 실천하며 성숙한 인품을 키우는 것이다.

주어지는 환경을 포용하며 앎을 실천하는 마음의 향기는 행복한 삶을 가치 있게 발전시키는 방법과 길을 인도해 주고 지도하는 최고의 스승이다.

선각자의 가르침은 "자신을 아는 자는 남을 원망하지 않고 천명을 아는 자는 하늘을 원망하지 않는다."고 한다.

세상에는 많이 배우고 많이 알며 가진 것이 많고 지위가 높다고 교만하며 겸손의 미덕을 잊어버리고 세상의 이치와 섭리를 무시하며 자신의 아집대로 생각하는 사람도 있다.

이러한 사람일수록 부정적인 생각으로 세상을 자신이 보고 싶은 대로 보는 편견과 아집이 강한 독선적인 사람으로 변화된다.

사람이 눈으로는 보고 코로는 냄새 맡고 귀로 듣는 것은 신의 섭리이다.

그리고 보고 싶은 것만 보고, 듣고 싶은 것만 듣고, 냄새 맡고 싶은 것만 맡을 수 없는 것이 사람의 육신이며 현존하는 사회의 실상이다.

인간의 앎과 지혜로는 하늘의 이치와 순리를 이길 수 없다는 것을 숙고하며 마음에 새긴다.

긍정적인 사고로 세상을 있는 대로 바라보며 현실에 주어지는 환경을 포용하는 것이 가장 합리적이며 편하고 행복한 삶을 만들어가는 순리라는 것을 깨닫고 뉘우치는 기회를 가진다.

매사를 보고 싶은 대로 보는 사람은 아집과 억지와 편협됨이 강하고 편견과 교만함으로 순리와 이치를 자신의 아집대로 바꾸려고 하기 때문에 생각이 부정적이며 항상 마음이 불편하고 스스로를 힘들게 만드는 원인이 된다.

자신의 아집으로 매사를 보고 싶은 대로 보려는 부정적인 사람은 세상사를 편견과 편협됨이 없이 보이는 대로 보는 긍정적인 사람을 이기지 못하는 것이 순리이다.

배우고 익힌 앎을 스스로 깨닫고 뉘우치며 성실하게 실천함으로써 주어지는 환경으로 즐겁고 행복하게 인생 여정을 누릴 수 있는 것은 인간에게 주어진 권리이다.

접해지는 이치와 순리를 바꾸려 하지 말고 소박하고 겸손한 마음으로 주어지는 환경을 수용하며 숙고하고 너그럽게 포용하는 것을 실천하는 강인한 마음으로 성숙한 인품을 키우자.

심신의 건강을 유지하며 앎을 실천하는 마음의 향기로 끊임없이 배우고 경험하며 익힌 앎으로 성숙한 인품을 키우고 현실에 충실하며 가치 있는 인생 여정을 빛내는 주인공이 되자.

깨닫는 마음의 환희(歡喜)

4.

지혜(知慧)의 문(門)을 열자

사람은 축복받고 성스럽게 세상에 태어나 자란 환경은 정도의 차이가 있지만 누구나 같은 과정을 거치면서 성년이 된다.

유아기, 유년기, 소년기, 청·장년기, 노년기 등을 거치면서 배우고 익히며 성숙해지는 것도 정도의 차이는 있으나 성장과정은 누구나 같다.

사회 통념상으로나 법적으로 성년이 되면 좋든 싫든 자연스럽게 자립과 독립이라는 영광스럽고도 막중한 책무와 함께 꿈과 희망이 담긴 소중한 인생 여정의 짐을 짊어지게 된다.

추구하는 삶을 위해 다양한 것을 배우고 경험하며 익혀지는 현상과 변화되는 환경을 숙고해 본다.

행복한 인생 여정을 위해 끊임없이 배우며 경험하고 익힌 앎을 실천하며 추구하는 삶의 지혜를 익힌다.

건강하게 몸은 단련하며 마음은 수련하고 성숙한 인품을 키우며 꿈과 희망을 추구한다.

지식과 소양을 넓히고 인품을 성숙하게 수련하고 단련하는 청장년기와 노년기를 거치며 생을 다할 때까지 인생 여정을 통하여 접해지는 희노애락(喜怒愛樂)을 경험하며 많은 것을 깨닫고 뉘우치게 된다.

배우며 경험하고 익힌 앎으로 인격을 수양하며 지성을 키움으로써 인품은 점점 성숙해지며 지혜는 익혀진다.

이와 같은 과정을 통하여 앎을 유익하게 활용하며 깨닫고 뉘우친 것을 마음에 수용하며 심신을 수련하고 단련한 인품으로 주어지는 환경을 포용하며 추구하는 지혜를 배우며 익힌다.

인간은 누구나 물질세계와 정신세계를 공히 아우르고 있다.

인생승리는 결코 물질적인 풍요와 권력에 의해서 이루어지는 것이 아

깨닫는 마음의 환희(歡喜)

니다.

때문에 눈에 보이는 물질세계도 필요하지만 눈에 보이지 않는 정신세계에서 성숙한 인품으로 정의롭게 사고하며 겸손하고 감사하는 마음으로 인생여로를 개척하며 복과 덕을 누리는 것이 인생승리의 참 모습이다.

인생 여정의 참된 가치는 물질세계의 더 많은 소유보다 적정한 소유로 정신세계의 성숙한 인품에 의해 가늠되며 진정한 인생의 목적은 물질적인 무한한 성장보다 정신적으로 심신을 정의롭게 발전시키며 더욱 성숙해지는 것이다.

"지혜로운 자는 남보다 내 허물을 먼저 돌아볼 줄 아는 사람이며, 어진 자는 남을 배반하기보다 칭찬할 줄 아는 사람이고, 현명한 자는 소리와 소음을 가릴 줄 알고 반듯한 마음과 옳은 생각으로 항상 정의롭게 칼을 가는 사람이다."라는 의미를 새기며 성숙한 인품과 지혜의 상관관계를 숙고해 본다.

긍정적인 사고로 앎을 실천하며 깨닫고 뉘우친 것을 마음에 수용하고 주어지는 현실을 포용하며 배우고 익힘으로써 인품은 성숙하게 키워진다.

배움과 경험으로 인생승리의 길을 창조하고 개척하며 성숙한 인품의 역량을 키움으로써 지혜의 문이 열린다는 확신을 가진다.

세상에 태어나 성장과정은 같았으나 성숙한 인품과 마음의 역량은 시간이 지나고 세월이 흐르면서 변화되는 환경의 차이로 인해 만들어지는 현실은 다르게 형성된다.

그리고 충실하게 배우고 익힌 앎을 얼마만큼 성실하게 실천하며 성숙한 인품을 키우느냐에 따라 인생 여정의 현실과 만들어지는 현상은 다양한 형태로 구분된다.

이처럼 다양한 형태로 구분되는 인생 여정의 현실과 만들어지는 현상을 살피며 숙고해 본다.

주어지는 삶을 위해 가난과 싸우며 힘들게 살아가는 사람,

부와 권력을 누리며 여유롭고 행복하게 살아가는 사람,

하느님의 말씀을 전하며 인도하고 봉사하며 살아가는 사람,

부정적인 사고로 불평불만 속에 삶을 힘들게 살아가는 사람,

긍정적인 사고로 주어진 현실에 충실하며 감사한 마음으로 살아가는 사람 등등처럼 다양한 환경을 접하며 살아가는 사람들이 존재하고 있는 것이 현존하고 있는 사회의 실상이다.

이러한 삶의 현실과 주어지는 환경에 의해 만들어지는 현상과 추구하는 것도 다양하다.

가난한 사람은 부자를 부러워하고, 부자는 권력을 부러워하며, 더 많은 것을 채우려는 많은 욕심 때문에 불평불만으로 자신을 힘들게 하며 살아가는 사람이 있다.

권력과 많은 부를 가지고도 심신이 편치 않은 사람도 있고, 가진 것이 부족하고 권력은 없지만 주어지는 현실에 충실하며 평화롭고 행복하게 살아가는 사람이 있다.

부와 권력이 많은 사람이지만 가진 것이 부족하고 권력이 없어도 건강한 심신으로 주어진 현실에 감사하며 화목하게 살아가는 것을 더 부러워하는 사람도 있다.

없는 것을 더 가지려고 애쓰며 부족한 것을 더 많이 채우려 하는 마음은 일반적인 인간의 소유욕망이며 사람의 본능이다.

그러나 인생의 진정한 가치는 더 많은 것을 가지고 더 많은 것을 누리며

깨닫는 마음의 환희(歡喜)

더 풍족하게 소유하는 것도 필요하겠지만 인생의 목적과 목표가 그렇지만은 않은 것이다.

추구하는 인생 여정을 위해 사람으로서 무엇이 옳은 방법이며 어떻게 해야 할 것인가를 숙고해 본다.

사람은 정의롭게 인격을 키우고 수양하며 성숙한 인품으로 물질적 정신적인 풍요를 함께 누리며 서로 부족한 것을 채워 주고 나누고 배려하며 봉사하는 아름다운 마음이 선행되어야 한다.

그리고 주위로부터 인정받고 존경받으며 상호 사랑을 나누는 행복하고 질 높은 사회를 형성하는 데 보탬이 되도록 하는 것이 소중한 삶의 목적과 목표가 되어야 한다.

인생은 무한하게 성장하며 한없이 크고 많은 것을 소유하는 것도 필요하겠지만 이것만이 인생 여정의 목적과 목표가 된다는 것은 바람직하지 않은 것이다.

물질만능의 세계보다 물질세계와 정신세계가 공존하며 균형 있게 유지되어야 정의롭고 행복한 삶의 여정이 존속될 수 있다는 것을 숙고해 본다.

사람의 생각과 마음은 물질적인 것도 필요하겠지만 정신적인 것이 더 질 높고 풍요로워야 삶의 가치가 평화롭고 더욱 행복한 인생 여정의 멋과 맛을 누릴 수 있다.

사람이 가장 바라고 원하는 것은 관계되는 사람과 화목하고 주위로부터 존경받고 인정받는 것이다.

그리고 건강한 심신을 유지하며 서로 돕고 사랑을 나누고 행복한 일상을 지속하며 발전하는 것이다.

건강한 심신을 유지하며 아름답고 고운 마음을 나누며 주위로부터 존경받고 인정받으며 성숙한 인품으로 인생을 여유롭게 누리는 것이 얼마나 가치 있는 인생 여정인가!

때문에 사람은 세상에 태어나서 유아기부터 노년기를 거치며 생을 마칠 때까지 끊임없이 배우고 경험하며 익힌 앎으로 성숙한 인품을 키우며 행복한 인생 여정을 위한 지혜를 추구한다.

한 시대의 대문호였던 "소크라테스"는 "지혜는 최상의 원리들과 원인에 대한 앎이며 가장 정확하게 가르침을 주는 것이다."라고 했듯이 정확한 배움과 앎으로 사물을 바르게 이해하며 주어지는 것을 충실하게 실행함으로써 마음의 역량과 능력이 키워지고 인품이 성숙해진다.

성숙한 인품을 키우며 가치 있고 유익한 지혜의 문을 여는 방법을 숙고하고 음미해 본다.

먼저 긍정적인 사고로 현실에 충실하며 배우고 익힌 앎을 성실하게 실천하며 소중한 인생 여정의 지혜를 추구하는 마음을 가지는 것이다.

두 번째는 배우고 익힌 앎과 경험을 통하여 취득한 앎을 진솔하게 깨닫고 뉘우치는 마음을 가짐으로써 추구하는 지혜의 문으로 인도된다.

세 번째는 삶을 통해 접해지는 시련과 역경을 극복하며 터득한 앎을 깨닫고 뉘우치는 겸손하고 진솔한 마음을 가지는 것이다.

네 번째로는 이러한 앎을 성실하게 실천하는 강인한 마음과 인품을 키우는 것이다.

이와 같은 것을 긍정하며 실천하지 않는다면 추구하는 지혜의 문과는 거리가 멀어진다.

배우며 익힌 앎과 경험으로 터득한 지식을 알고 있는 것에 머무르지 않고 그 의미를 정확하게 이해하고 마음에 새기며 긍정적인 사고로 수용하

깨닫는 마음의 환희(歡喜)

고 실천함으로써 익혀지는 마음의 역량과 능력이 자신의 것으로 변화되며 지혜가 익혀진다.

남보다 학력이 뛰어나고 많은 앎과 경험이 풍부하고 가진 것이 많다고 해서 모두가 지혜로운 사람이 되는 것은 아니다.

배움이 많고 지위가 높고 권력과 가진 것이 많다고 해서 교만하고 오만한 사람도 있다.

겸손하지 못하고 교만하며 오만한 행동은 당신이 가지고 있어야 할 지혜를 무용지물로 만드는 대단히 잘못된 생각이고 판단이며 모자라는 마음가짐이다.

때문에 지혜를 익히며 유익하게 활용하기 위해서는 많은 앎도 있어야 하지만 올바른 사고와 정의로운 마음가짐이 필요하다.

더욱 중요하고 필요한 것은 먼저 머리 숙일 줄 아는 겸손함과 감사하는 마음으로 현실에 충실하며 정의롭고 강인한 마음을 키우는 것이다.

잘 익은 벼일수록 고개를 숙이고 있듯이 능력이 있고 성숙한 인품의 소유자일수록 겸손하며 자신을 낮추고 먼저 머리 숙일 줄 안다.

부족하고 못나서 머리 숙이는 것이 아니다.

"지는 것이 이기는 것이며, 참는 것이 이기는 것이다."라는 현자의 표현을 깊이 새겨 본다.

속아 가득 채워진 깡통은 흔들어도 소리가 나지 않지만 조금 채워진 깡통은 소리가 요란하듯이 많이 알고 성숙한 사람은 조용하며 조금 아는 사람이 더 많이 아는 척 말이 많고 시끄럽다.

조금 안다고 많이 아는 척하며 말이 많다는 것은 모자라고 부족한 마음에 의해 만들어지는 현상이란 것을 숙고해 본다.

그리고 "정수유심(靜水流深)과 심수무성(深水無聲)"이라는 사자성어의 의미를 마음 깊이 새긴다.

조용하고 고요하게 흐르는 물은 깊고, 깊은 물은 소리가 없다는 의미에 대한 가르침을 숙고하며 심신을 다스리는 마음에 지혜는 익혀진다.

정수유심과 심수무성의 의미를 수용하는 인품으로 먼저 겸손하게 머리 숙일 줄 알고 너그럽게 포용하는 마음가짐은 숙련된 소양과 성숙한 인품의 표상이다.

언제나 겸손하고 성실하게 인격을 수양하며 숙련된 소양과 성숙한 인품을 키우는 마음의 바탕을 만드는 것은 지혜의 문을 여는 최상의 방법이다.

그리고 긍정적인 사고로 자신을 돌아보고 진술하게 깨닫고 뉘우치며 성실하게 실천하는 강인한 마음을 키움으로써 정의롭고 소중한 지혜의 문이 열린다.

겸손함과 성실함이 없으면 많이 배우고 익힌 앎이 월등하고 권력과 부가 있다는 것에 도취되어 아집과 독선으로 빠지며 교만해지기 쉽다.

아집과 교만은 어렵게 익히고 수련한 자신의 인품을 파멸의 길로 불러들일 뿐만 아니라 가지고 있는 교양과 인격마저 무용지물로 만드는 원인이 된다.

세계적으로 두뇌와 부가 으뜸이라는 이스라엘 유대인의 속담에는 "세상은 당신이 없어도 태양은 뜨고 진다."라는 속담이 있다.

틀림없이 맞는 말이며 분명히 당신이 없어도 오늘도 내일도 미래에도 태양은 뜨고 진다.

그리고 지구는 돌고 돌며 밤과 낮은 지속적으로 만들어진다.

깨닫는 마음의 환희(歡喜)

태양이 뜨고 지며 지구가 돌고 있는 위대한 우주의 섭리를 생각해 본다.

위대하고 무궁한 우주의 섭리와 광활한 대자연의 법칙에 거역함이 없이 순응하며 살아가야만 하는 것이 만물의 영장이라는 인간의 미미한 존재이다.

사람이 겸손하지 못하고 독선과 교만으로 "나" 아니면 안 된다는 사고는 파멸의 길로 가는 잘못된 생각이고 사람으로서 가장 모자라는 사고이며 행동이다.

인간은 만물의 영장이라고 하지만 우주와 대자연의 섭리를 생각하면 아주작고 보잘것없이 미미한 존재에 지나지 않는다.

만약 당신이 교만하고 오만한 점이 있었다면 지금부터라도 우주와 대자연의 섭리를 긍정적인 마음에 수용하고 교만과 오만이 잘못된 사고임을 깨닫고 뉘우치는 기회를 가지자.

배움과 앎이 풍부하고, 경험이 많고, 가진 것이 많고, 권력과 지위가 높을수록 교만과 오만을 멀리하는 것은 지혜의 문에 바르고 빠르게 다가가는 모습이다.

지위가 높고 가진 것이 많은 사람일수록 주위에는 색안경을 쓰고 당신을 바라보는 사람이 많이 있다는 것을 깨닫고 직시할 수 있는 인품을 키워야 한다.

교만과 오만대신 겸손과 성실함으로 많은 사람들에게 관심을 가지고 넓은 아량으로 아름답게 배려하며 베푸는 심성을 가지도록 하는 것도 아름답고 즐겁게 지혜의 문을 여는 방법이다.

추구하고 있는 앎과 지혜는 언제나 부끄러움이 없이 행동하고 당당하게 실천하며 정의롭고 충실하게 활용할 수 있는 것이 되어야 한다.

만약에 가식이나 위선과 거짓으로 순간을 모면하고 대변하기 위한 것이라면 지혜의 역량과 능력이 당신에게 제공되지 않으며 올바른 지혜의 문은 영원히 열리지 않는다.

바라는 것이 진솔하고 정의로워야 당신이 원하는 지혜의 역량과 능력이 원하는 현실과 바르게 연결되며 관계된 것을 해결하는 데 유익한 방법과 에너지가 제공된다.

대지에 비가 내리면 물이 고이며 고인 물은 낮은 곳을 찾아 흐르는 것은 자연의 섭리이다.

물이 흐르는 곳에는 자연스럽게 냇물이 만들어지며 냇물이 흐르는 곳에는 많은 물의 흐름을 수용하는 강이 형성되는 것이 자연의 섭리이며 순리이다.

이러한 자연의 순리처럼 사람의 일상에도 조건이 잘 갖추어지고 무르익으면 힘들고 어려운 것이 해결하기가 쉬워지고 얽히고설킨 문제들이 쉽게 풀리게 되는 것이 순리이다.

정의롭고 올바른 지혜의 역량과 능력은 어렵고 힘든 것을 자연스럽게 풀어 주는 도구이며 좋은 방법을 제공하는 아이디어의 보고이다.

지혜의 문을 열겠다고 특별하게 애쓰지 말고 성실하게 배우고 익히며 가장 평범한 범주에서 편협됨이나 치우침이 없이 욕심을 내려놓고 긍정적인 사고로 보편적이고 평범한 것을 정의롭고 즐거운 마음으로 숙고함으로써 지혜의 문은 열린다.

어렵고 힘든 일이 접해진다고 해서 어려운 현실을 피하려고만 한다면 문제된 것은 풀리지도 않고 해결방법은 찾을 길이 더욱 어렵고 힘들어진다.

깨닫는 마음의 환희(歡喜)

때문에 어렵고 힘든 일이 접해질수록 피하려고만 하지 말고 강인한 의지로 문제해결 의식을 가지고 문제된 것에 편한 마음으로 접근하는 용기를 가지는 것이 중요하다.

옛 성현의 명심보감에 도생어안정(道生旅安靜)이라는 가르침이 있다.

편한 마음으로 숙고하며 묵상하고 조용히 생각함으로써 지혜의 문은 열린다.

인생 여정에 만나지는 역경을 극복하는 마음 다스림과 어려운 환경을 관리하는 방법을 숙고해 본다.

먼저 긍정적인 생각과 할 수 있고 될 수 있다는 강인한 의지를 가지는 것이다.

그리고 가능한 것과 가능치 않은 것을 분별하고 편협된 생각으로 자기 편향적으로 해결하려는 아집을 버리고 여유롭게 자신의 마음을 다스린다.

어려운 난관을 풀어 가기 위해서는 편하고 여유 있는 마음으로 조용하고 깊게 생각함으로써 방법이 창조된다.

하루하루를 살아가며 긍정적인 마음으로 좋은 생각을 가지면 잘못되는 일이 없어지고 상대에게 곱고 부드럽게 표현함으로써 좋은 환경이 만들어진다는 것을 깨닫고 익히게 된다.

추구하는 지혜의 문을 엶으로써 변화되는 현상과 만들어지는 환경을 살펴본다.

겸손하고 감사하는 마음에 평화가 찾아오며 얽히고 꼬인 어려운 일도 넓은 아량으로 아름답게 배려하며 이해를 앞세우면 어려운 일들이 풀리는 환경으로 변화된다.

언제나 문제된 것을 해결하기 위한 방법을 찾기 위해 문제해결의식을 가지고 조용히 사고함으로써 해결하려는 문제에 접근하게 된다.

때로는 구하려고, 행복하려고, 해결하려고, 노력하며 애를 쓰지만 뜻대로 되지 않는 경우도 많이 있다는 것을 깨닫고 스스로 너그럽게 포용하며 숙고해야 한다.

인간은 신이 아니며 모든 것에 만능일 수가 없다는 것을 자각하며 바라는 것이 자신의 뜻대로만 되지 않는다는 현실을 긍정하는 마음으로 포용하고 수용함으로써 마음이 편하고 문제를 해결할 수 있는 새로운 기회와 방법이 주어진다.

긍정적인 사고로 마음의 여유를 가짐으로써 어렵고 힘든 문제들을 해결하며 접해지는 역경과 고난을 헤쳐 나갈 수 있는 인품이 키워지며 지혜가 익혀진다.

불평불만의 싹이 트고 자신을 괴롭히며 불행하게 만드는 요인은 바로 여유를 잃고 조급한 마음에 부정적인 생각과 과욕에 의해 만들어진다는 것을 알아야 한다.

부정적인 생각과 욕심이 가득한 마음을 조금씩 비워가며 가볍게 할 때 몸과 마음은 점점 가벼워지며 편안해지고 여유가 생긴다.

삶을 꾸려 가며 당신의 주위에 발생하는 것들이 만만한 것은 하나도 없으며 추구하는 것이 의욕과 패기와 열정만으로 되는 것도 아니다.

평소에 잘되어 가는 것도 과욕을 가지면 과욕을 부린 만큼 일이 꼬이며 어긋나게 된다.

지혜의 왕으로 불리 우는 "솔로몬" 왕은 그가 열심히 기도를 드릴 때 하나님께서 그에게 무엇을 원하느냐고 물었다고 한다.

이때 지혜의 왕으로 불리는 "솔로몬" 왕은 많고 많은 것 중에서 "지혜"를

깨닫는 마음의 환희(歡喜)

원한다고 했다.

지혜의 소중함을 깨닫고 뉘우치게 하는 배움이며 가르침이다.

삶이 있는 곳에 가장 소중하고 고귀한 것이 생명의 빛이며 삶의 가치를 최상으로 창조하고 개척해 주며 인생의 어려운 문제를 풀어 주는 것이 지혜이다.

가난과 싸워서 이기는 사람은 많으나 욕심과 싸워서 이기는 사람은 없다고 한다.

욕심으로는 사람의 마음을 편하고 만족하게 만들어 줄 수 없는 가장 큰 원인은 욕심은 언제나 욕심을 잉태하고 욕심을 낳아 기르기 때문이다.

비워야 채울 수 있다는 이치를 마음에 새기자.

욕심을 버린다는 것은 마음을 비운다는 의미이며 욕심을 버림으로써 생각이 달라지고 마음이 여유롭고 편하게 변하는 것이 순리이다.

생각에 따라 마음이 달라지며 변화되는 환경과 만들어지는 현상을 음미해 본다.

생각을 바꾸면 마음이 바뀌고 선택이 달라지며 만들어지는 환경도 변화된다.

고착된 사고로 생각을 바꾸지 않는다면 변하는 것과 달라지는 것은 아무것도 없다.

주어지는 환경은 임의로 선택할 수 없지만 자신의 마음가짐과 생각은 임의로 선택하고 자신의 의지대로 바꿀 수 있다.

임의로 선택할 수 있는 마음과 생각은 인생의 소중한 재산이며 지혜가 만들어지고 담겨지는 보고이다.

언제나 가치 있는 인생 여정을 성공적으로 만들어 가기 위해서는 마음의 기준이 확고해야 한다.

마음과 생각의 기준은 누가 챙겨 주는 것이 아니고 자신이 챙기고 결정하며 만드는 것이다.

생각하고 있는 것에 대한 기준이 없고 기준을 지키지 못하면 방황하기 쉽고 심신이 고달프고 힘들어진다.

방황의 원인은 목표와 목적이 없기 때문이 아니고 자신이 가지고 있어야 할 기준을 잃었거나 초심을 지키지 못함으로 인해 발생하는 마음의 갈등이다.

기준을 지키지 못하고 잃는다는 것은 가야 할 방향과 길을 모두 잃는 것과 같다.

기준을 잃지 않기 위해서는 강인한 마음과 굳은 의지로 초심을 지키는 것이 가장 중요하다.

마음에 가지고 있는 초심은 당신의 첫 생각이며 결심이고 각오이다.

초심을 변함없이 지키고 이행하기 위해서는 마음의 중심이 뚜렷하고 초심을 지키려는 확고한 의지가 있어야 한다.

자신의 생각과 마음의 결심을 지키지 못하면 마음의 중심이 흔들리며 마음이 변하게 된다.

마음의 중심이 흔들리면 공들이며 쌓아 온 결심의 탑이 흔들리며 무너지기 시작한다.

자신의 얼이며 첫 생각이고 결심인 초심을 지키지 못하는 것은 의지가 약하여 발생하는 현상이며 마음이 강인하지 못한 것이 가장 큰 원인이다.

때문에 마음이 흔들리거나 변하는 일이 발생하지 않도록 자신의 각오이며 얼인 초심을 지키는 강인한 의지를 가지는 것이 가장 필요하다.

깨닫는 마음의 환희(歡喜)

초심을 지키지 못하고 변심이 만들어지는 원인은 접해지는 어려움과 역경을 참고 견디지 못하며 쉽고 편한 것을 선택하려는 생각이 당신의 마음을 유혹하기 때문이다.

세상만사 모든 것이 편하고 쉽게 생각한 대로만 이루어지는 것이 아니다.

사람이 편하고 쉬운 것만을 선택하고 추구하면 권태가 오기 쉽고, 편리한 것만을 추구하면 발전을 기대할 수 없으며 마음이 나태해진다.

더 많고 좋은 것을 바라는 인간 본능을 충족하려는 정의로운 마음과 생각이 발전을 위한 기본 바탕이 되어야지 단순하게 남과의 비교우위를 점하려는 욕심으로 변해서도 안 된다.

원하고 있는 생각과 부러움이 남과의 비교우위의 대상이 되는 것은 대단히 잘못된 것이며 불행을 자초하는 원인이 된다.

"뱁새가 황새 흉내 내려다 다리가 찢어진다."는 속담을 숙고해 본다.

자신의 올바른 사고와 노력으로 원하는 것을 채울 수 있는 것이 바람이 되고 기준이 되어야 하는 것이 정의롭고 합리적인 생각이며 방법이다.

그렇지 않으면 남과의 비교 우위의 대상이 되는 것을 충족하려는 마음으로 인하여 주어지는 현실을 정의롭게 수용하며 포용하지 못하고 반드시 과욕으로 변하게 된다.

과욕으로 인하여 만들어지는 시기와 질투, 미움과 다툼 등과 같은 것을 이해와 포용으로 자제할 수 있는 기준을 넘어서게 된다면 바람이 파탄으로 변화되는 현상이 발생한다.

이러한 현상이 이해와 포용의 기준을 넘어서게 됨으로 인하여 자신을 자제하지 못하고 욕심과 시기와 다툼으로 변하게 된다.

욕심과 다툼은 모두에게 심신을 불편하게 만들며 정신적으로 아픈 마음의 상처를 만들고 자신을 괴롭히는 원인이 된다.

자신의 몸과 마음이 힘들고 고달픈데 어찌 편하기를 바라며 즐겁고 행복하시겠는가!

그럼으로 욕심, 시기, 질투, 다툼, 갈등 등과 같은 생각은 머리에서 지워버리고 마음에 자리하지 못하도록 대범하게 제거해야 한다.

자신의 생각과 마음가짐은 자신만이 관리하고 통제하며 거두어 드릴 수 있는 것이다.

작은 것을 가지고도 만족할 줄 알고 아름답게 배려하며 감사할 줄 아는 지성으로 현실에 충실함으로써 추구하는 현실이 만들어지며 발전하고 행복해지는 것이 순리이다.

마음이 편하고 안정되며 긍정적인 사고를 가지고 있을 때 세상은 아름답고 풍요로우며 행복해진다.

세상을 편협됨이 없이 바르고 정의롭게 바라볼 수 있는 인품을 만드는 것은 인생승리를 위한 지혜의 문으로 인도하고 가르쳐 주는 스승이다.

성숙한 인품으로 사물의 원리와 발생 원인을 편협됨이 없이 가장 보편적이고 평범한 범주에서 찾으며,

겸손하고 감사하는 마음으로 성실하게 실천함으로써 익혀지고 터득되는 것이 지혜이다.

성숙한 인품을 키우고 주어지는 것을 너그럽게 수용하며 성실하게 실천하고 감사하는 마음으로 매사를 겸손하게 포용하고 긍정적인 사고와 확신을 가지고 현실에 충실함으로써 추구하는 지혜의 문은 활짝 열린다.

깨닫는 마음의 환희(歡喜)

4-1. 성숙한 인품(人品)은 지혜(智慧)의 원천(源泉)

자신의 생각이나 의지와는 관계없이 좋은 일과 나쁜 일을 만나게 되고 선과 악을 경험하게 되는 것이 삶의 현주소이다.

배우고 경험하며 익힌 앎을 정의롭게 실천하고 이행하며 인격과 소양을 쌓고 인품을 성숙하게 키움으로써 지혜가 익혀진다.

성숙한 인품으로 풍요롭고 행복한 삶을 발전시키며 원하는 것을 성취한다는 것은 모두의 바람이며 추구하는 희망이고 이루고 싶은 꿈이다.

추구하는 것을 성취하기 위해 앎을 실천하며 새로운 지식을 쌓고 성숙한 인품을 키움으로써 심신에 미치는 영향과 익혀지는 지혜를 숙고해 본다.

긍정적인 사고와 정의로운 생각으로 앎(知)을 넓히며 인격을 수양하고 소양을 쌓으며 성숙한 인품을 키우는 것은 지혜를 배우고 익히는 기회이며 원천이다.

진솔한 마음으로 겸손하고 친절하게 표현하고 행동함으로써 일상의 대인관계는 온화하고 가치 있게 만들어진다.

겸손하고 친절한 마음으로 대인관계를 온화하게 만들어 가면 신뢰가 쌓이게 되며 마음이 편하고 여유롭게 변화된다.

때로는 진행하는 일과 대인관계가 뜻대로 되지 않아 마음이 답답하고 생각이 막히며 판단이 혼돈스럽고 어려운 환경이 예기치 않게 발생하는 경우도 있다.

서로가 아우르며 협조해야 하는 일상을 접하면서 자연스럽게 이루어져야 하는 대인관계가 예기치 않은 것으로 인하여 스트레스를 받을 수 있는 것이 우리들의 일상에 상존하고 있다.

현재 접하고 있는 우리의 일상은 AI 첨단문명의 혜택을 누리는 환경으로 바뀌며 인공지능이 세상을 지배하는 시대로 변화되는 현상이 진행되고 있다.

이러한 시대적인 환경과 예기치 않게 발생하는 어려움을 포용하며 행복한 삶을 발전시키기 위하여 인간은 만물의 영장으로서 무엇인가를 멈춤 없이 진행해야 하는 사명을 안고 있다.

이처럼 발달하는 기술과 문명을 향유하면서 정신적 육체적으로 마음을 힘들고 아프게 만드는 스트레스를 슬기롭게 해결해야 하는 것은 인간이 포용하고 해결해야 할 과제이며 소명이다.

자신을 괴롭히는 불안과 번민은 잡념과 망상에 의해 만들어지는 심리적인 현상으로써 스스로 만드는 것이다.

예로부터 이러한 것을 예측이나 하였듯이 선현과 선각자들은 좋은 글과 명언을 통해 심신의 스트레스를 풀어 가는 데 도움이 되는 많은 교훈을 전해 주고 있다.

선현과 선각자들이 전하는 교훈을 마음에 새기고 스스로를 돌아보며 성숙한 인품을 키우고 지혜를 배우고 익히는 것은 모두가 자신의 몫이다.

자신이 받고 있는 스트레스를 해결하기 위해 스스로 해야 할 것들을 숙고해 본다.

긍정적인 사고로 좋은 것을 생각하며 편한 마음으로 신선하고 활기 있는 에너지를 찾아야 한다.

마음이 밝고 활기차며 맑고 신선한 에너지를 찾기 위해서는 언제나 즐겁게 배우며 경험하고 새로운 것을 익히며 지식을 쌓고 인격을 수양하며 인품을 성숙하게 키워야 한다.

깨닫는 마음의 환희(歡喜)

그리고 생각은 깊고 넓게 하며 말과 행동은 조심하고 배움으로 성숙한 인품을 키우며 강인한 마음의 역량을 키워야 한다.

추구하는 지혜는 억지로 짜내기보다 먼저 긍정적으로 사고하며 성실한 마음과 진솔한 생각을 가지면 지혜가 생기지만 진솔하고 성실하지 못하면 있는 지혜도 흐려지는 것이 이치이다.

그럼으로 배우고 익힌 앎을 성실하게 실천하고 지식을 넓히며 성숙한 인품을 키우고, 긍정적인 사고로 주어지는 환경을 조화롭게 포용하며 겸손하고 진솔한 마음으로 주어진 현실에 근면하고 충실해야 한다.

독불장군으로 살아갈 수 없는 인간으로써 접해지는 소중한 대인관계는 진솔하고 친절하게 소통하며 상호 믿음과 신뢰를 쌓고,

자신을 언행을 돌아보며 깨닫고 뉘우치는 마음의 역량을 키움으로써 만들어지는 성숙한 인품에 의해 지혜를 배우고 익히는 기회가 만들어진다.

지혜의 원천인 성숙한 인품을 키우기 위해 늘 배우고 익힌 앎을 실천하며 깨닫는 마음에 만들어지는 현상을 숙고해 본다.

원만한 대인관계를 위해 좋지 못한 것은 멀리하고, 착하고 선한 것을 가깝게 하는 능력을 키우는 것은 성숙한 인품에 의해 만들어진다는 것을 깨닫고 뉘우치는 강인한 마음을 가진다.

추구하는 행복한 삶을 위하여 착하고 선한 것을 보았을 때는 지체 없이 이행하며, 악한 것을 만났을 때는 동조하지 말고 뱀을 본 듯이 피하고 멀리해야 한다.

부족한 앎과 모자라는 소양을 키우기 위하여 끊임없이 배우고 익히며 경험을 쌓고 인격을 수양하며 인품을 성숙하게 만드는 것은 지혜를 익히는 지름길이다.

배우고 익히며 성실하게 실천하지 않으면서 인격이 수양되고 인품이 성숙해진다는 것은 가능하지 않다.

불광불급(不狂不及)의 사자성어를 마음에 담고 추구하는 것을 이루기 위해 미치도록 열심히 해야 이룰 수 있다는 의미를 새기며 심신의 온 힘을 다하지 않으면 성취할 수 없다는 가르침을 마음에 새긴다.

최상 최고의 실천과 노력 없이 이루어지기를 원하는 것은 망상이고 허망이며 인간의 가장 큰 생각의 오류이며 교만이다.

남의 좋은 것을 보면 자신도 남과 같이 행하고 나쁜 것을 보면 행동하지 않겠다는 각오와 결심을 성실하게 이행하며 선을 실천하는 것은 성숙한 인품과 역량을 키우는 좋은 방법이다.

옛부터 복생어청검(福生於淸儉)이라고 하여 복은 소박하고 검소함에서 생기고 덕생어비퇴(德生於卑退)라고 하여 덕은 자신을 낮추고 겸손하게 물러나는 데서 생긴다는 가르침을 깊이 깨닫고 뉘우치며 숙고해 본다.

인간의 바람인 복과 덕을 쌓기 위해서는 소박하고 검소하며 겸손한 마음으로 한걸음 물러설 줄 알고 양보할 줄 알며 넓고 깊게 생각하고 성실하게 실천하는 것이 근본이 되어야 한다.

마음이 우울하고 밝지 못하거나 무겁고 힘든 것은 정의롭지 못한 편견과 지나친 욕심이 당신의 생각과 마음을 지배하고 있기 때문이다.

지나친 탐욕과 욕심은 자신의 심신을 힘들게 하고 괴롭히는 원천이며, 마음이 편치 않고 불만스러운 것은 부정적인 생각과 정의롭지 못한 것이 자신의 마음을 지배하고 있기 때문이다.

정의롭지 못한 것과 마음을 힘들게 하고 괴롭히는 탐욕과 과욕을 버리기 위해서는 긍정적이며 여유롭고 편한 마음가짐과 배우고 익힌 앎으로

깨닫는 마음의 환희(歡喜)

인격을 수양하며 소양을 쌓고 성숙한 인품을 키움으로써 자연스럽게 해결된다.

함께 어울리며 공동생활을 하면서 남을 욕하거나 비방하지 않으면 주위로부터 자신에 대한 비난과 재앙이 발생하는 것을 사전에 방지할 수 있으며 신뢰받기 쉬워진다.

긍정적인 사고와 믿음과 희망을 가지고 배우고 익힌 앎을 정의롭고 성실하게 실천함으로써 지혜가 익혀진다는 확신을 가진다.

지금껏 살아오는 동안 지나온 날들을 돌아보고 사고하며 묵상하는 시간을 가져 보십시오!

그럼으로써 진솔하게 과거를 돌아보며 현실을 생각하는 마음에 변화가 일어날 것이다.

현재의 환경에서 당신이 가장 가까이하며 관계하고 있는 사람이 어떤 부류에 속하고 있느냐에 따라 미치는 영향과 만들어지는 현상을 숙고해 본다.

꽃을 보고 꿀을 따려면 벌과 나비를 따라 하듯이 부지런한 사람을 가까이하고 따르면 근면을 배우게 되고, 현명한 사람과 가까이하면 현자를 닮게 되는 것이 이치이다.

풍부한 지식과 교양이 있는 사람과 함께하면 지식을 넓히며 도량을 익히고 인격과 인품이 점점 성숙한 사람으로 변화된다.

긍정적이고 적극적인 성격의 소유자가 됨으로써 역경과 고난을 극복하는 지성이 키워지며 희망이 펼쳐진다.

탐욕과 아집을 버리면 근심과 걱정을 없앨 수 있고 마음이 편하고 여유로워질 수 있다는 것을 알면서도 선뜻 실천하지 못하는 것은 마음 다스림이 정의롭지 못하고 잘못되어 탐욕이 당신의 마음을 지배하고 있는 것이 가장 큰 원인이다.

고대 그리스의 철학자인 "소크라테스"의 "너 자신을 알라."는 교훈을 마음에 새긴다.

자신을 안다는 것은 너무도 소중한 앎이며 무형의 재산이고 마음의 보석이다.

먼저 자신을 알고 검소하고 겸손한 마음으로 앎을 실천하며 인격을 수양하고 성숙한 인품을 키움으로써 지혜는 자연스럽게 익혀지는 소중한 선물이다.

현재와 미래를 위해 스스로를 돌아보고 깨닫고 뉘우치며 생각을 바꾸지 않고 고정관념으로 정체되어 있으면 아무것도 변하지 않는 것이 이치이다.

긍정적인 사고로 자신을 돌아보며 앎을 깨닫고 뉘우치며 정의롭게 행동하는 것은 자신을 둘러싸고 있는 환경에서 인정받고 존경받는 성숙한 인품의 소유자가 되는 지름길이다.

현실이 아무리 각박하다고 해도 넓은 아량과 따뜻한 마음으로 배려하고 베풀면서도 선행을 겉으로 나타내지 않는 음덕을 베푸는 사람이 더 많은 아름다운 사회가 현존하고 있다.

겸손하고 아름다운 덕의 향기가 있는 사람은 수양된 인격과 도량으로 남을 돕고 베풀면서도 겉으로 나타내지 않은 음덕을 지닌 성숙한 인품의 소유자이다.

성숙한 인품과 가슴이 따뜻하고 정의로움이 담겨 있는 마음에는 아름답고 가치 있는 생각을 끌어당기는 역량이 작용한다.

깨닫는 마음의 환희(歡喜)

끌어당김의 역량과 능력은 긍정적인 사고로 마음을 다스림으로써 기쁜 것을 생각하면 기쁜 일이 생기고 슬픈 것을 생각하면 슬픈 일이 만들어지게 된다.

때문에 자신의 마음이 기쁘고 즐거우면 기쁨과 즐거운 감정이 만들어지고 자신이 우울하고 슬프면 우울하고 슬픈 감정이 만들어지게 된다.

그리고 긍정적이고 좋은 생각을 하고 있을 때 배려하고 이해하며 협조하는 아름다운 마음이 자연스럽게 움직이게 되는 것이 순리이다.

그러나 부정적인 생각을 가지고 있으면 자신도 모르게 마음이 비판적이고 배타적이며 불평불만, 비난, 시기, 질투 등과 같은 것이 마음을 움직이게 한다.

이러한 현상을 이해하고 포용하며 마음에 수용함으로써 어렵고 힘든 역경을 극복하는 역량이 자연스럽게 키워진다.

일상을 통하여 하는 일이 뜻대로 되지 않았을 때 어떤 생각과 마음을 가져야 하겠습니까?

배우고 익히자! 아는 것이 힘이다! 많이 들어온 표현이다.

판단과 선택은 지금까지 배우고 익혀 온 당신의 생각과 마음가짐의 몫이다.

선은 선을 잉태하고 악은 악을 잉태하는 것이 만사의 이치이며 순리이다.

마음이 힘들며 가슴 아픈 상처는 남이 주는 것이 아니며 자신의 마음가짐에 의해 만들어지는 현상이라는 것을 숙고해 본다.

자신을 괴롭히고 힘들게 하는 것은 올바른 것을 선택하는 역량이 부족하고 모자람으로 인하여 잘못된 생각과 판단에 의해 만들어지는 마음의 상태이다.

그리고 정의롭게 실천하지 못하고 잘못 선택하고 판단하며 부정적으로 사고하는 마음의 지배를 받고 있는 것이 원인이란 것을 깨닫고 뉘우쳐야 한다.

부정적이고 잘못된 마음에 지배당하는 것을 통제하거나 억제하기 위해서는 꾸준하게 배우고 익히며 앎을 넓히고 긍정적인 사고로 강인하고 성숙한 마음의 역량을 키움으로써 지배당하지 않고 지배할 수 있게 변화된다.

성숙한 인품으로 포용하고 배려함으로써 마음에 상처를 만드는 좋지 못한 부정적인 생각이 변화되며 긍정적이며 정의롭고 좋은 생각이 마음을 지배하는 환경으로 변화된다.

그럼으로써 마음 아픈 상처가 깨끗하게 치료되며 긍정적인 사고와 좋은 생각이 자신의 마음을 지배하게 된다.

세상은 좋은 생각의 눈으로 바라볼 수 있을 때 좋은 세상이 보이는 것이 순리이다.

언제나 즐겁게 배우며 익힌 앎을 정의롭고 성실하게 실천하며 인격을 수양하고 키워진 소양과 성숙한 인품은 지혜를 배우고 익히는 원천이라는 것을 마음 깊이 새긴다.

지혜의 원천인 성숙한 인품을 키우기 위해 어렵고 힘들며 우울하고 어두운 생각은 모두 과거로 묻어 버리고 겸손하고 정의로운 마음으로 높고 푸른 하늘을 우러르며 마음을 즐겁게 다스린다.

생각은 바다처럼 넓고 깊게 하며 꿈과 이상은 하늘처럼 높고 크게 가지고 원하는 꿈과 희망을 즐거운 마음으로 추구하시라!

깨닫는 마음의 환희(歡喜)

그리고 긍정적인 사고로 실천은 도도하고 유유하게 흐르는 강물처럼 지속적이고 장엄한 폭포처럼 활기 있게 함으로써 지혜의 원천인 인품은 더욱 키워지며 성숙해진다.

4-2. 마음 다스림의 역량(力量)을 키우자

사회구성원의 일원으로써 법을 지키며 필연적으로 마음에 수용하고 따라야 하는 것이 사람만이 가지고 있는 도덕과 윤리이다.

도덕은 스스로 깨닫는 규범으로 사람들이 필연적으로 지켜야 할 예의와 도리로써 마음에 간직하고 있어야 할 바람직한 행위이며 기준이다.

윤리는 사람으로서 마땅히 행하고 지켜야 할 예의와 도리로서 옛부터 전해지는 생활 전반에 걸친 관습으로 도덕보다는 규범의 성격이 강한 풍속이다.

바람직한 일상을 위하여 지켜야 하는 것이 법이고 따라야 하는 것이 도덕과 윤리이지만 이것을 마음에 수용하고 실천하는 정도의 차이는 사람마다 다르다.

사람의 몸은 바꿀 수 없지만 마음과 생각은 언제라도 바꿀 수 있고 변화시킬 수 있기 때문에 생각을 바꾸면 마음과 행동이 바뀌는 것이 이치이다.

같은 생각, 같은 말, 같은 행동 등을 반복함으로써 만들어지는 것이 사람의 소중한 습관이다.

"당신의 삶을 바꾸고 싶다면 지금 생각을 바꿔라.(미나모리 가즈오)"는 표현을 숙고하며 마음에 새긴다.

사람은 생각과 마음을 바꾸지 않으면 현존하고 있는 자신의 정신적인 환경은 변하지 않는다.

그러나 생각을 바꾸고 원하는 것을 성실하게 실천함으로써 고착되어 있는 마음과 바라는 환경은 변하게 된다.

생각에 의해 행동을 하게 되며, 행동을 함으로써 바라는 환경을 변화시

깨닫는 마음의 환희(歡喜)

킬 수 있고, 변화된 환경에서 생각의 실체를 실천함으로써 원하는 것을 이룰 수 있게 된다.

그럼으로 생각이 행동되고, 행동이 환경을 변화 시키며, 생각의 실체를 실천함으로써 결과가 만들어지게 된다.

그리고 생각과 행동과 실천을 반복함으로써 심신에 익혀지는 것이 사람의 습관이기 때문에 습관에 의해 일상의 환경이 변화되며 실천함으로써 결과가 만들어진다.

이러한 현상과 환경은 모두가 자신의 습관과 마음 다스림의 역량에 의해 만들어진다.

마음 다스림의 역량에 의해 만들어지는 현상과 일상에 미치는 영향을 숙고해 본다.

마음 다스림의 역량은 주어지는 환경을 아우르며 행동하고 실천하는 힘의 원천이다.

때문에 원하는 것을 성취하기 위해는 무엇보다 중요한 것이 마음 다스림의 역량을 키워야 한다.

좋은 생각과 올바른 사고로 얼마만큼 마음 다스림의 역량을 정의롭게 활용하며 지혜롭게 실천하느냐에 따라 리더로서의 자질과 능력은 가늠되고 평가된다.

마음 다스림의 역량이 부족하고 모자라면 조직을 성공적으로 이끄는 것이 어렵고 성숙한 리더가 되지 못한다.

마음 다스림이 성숙한 정도의 차이에 따라 만들어지는 현상을 살펴본다.

남부럽지 않게 많이 배우고 많은 것을 가지고도 감사할 줄 모르고 행복하기를 바라는 사람이 있다.

그러나 많이 배우고 가진 것은 없어도 주어진 현실에 충실하고 감사할 줄 알며 행복하게 살아가는 사람도 있다.

이러한 현상은 마음 다스림의 역량과 능력에 의해 만들어지는 현상이다.

마음은 긍정적인 사고로 행복하다고 생각하면 행복한 감정의 지배를 받고 부정적인 사고로 불행하다고 생각하면 좋지 못한 감정의 지배를 받게 된다.

긍정적인 사고로 좋은 것을 생각하는 마음 다스림에 의해 행복한 감정이 만들어지는 것이 가능된다.

행복은 감사할 줄 아는 마음 다스림에 의해 만들어지는 여유롭고 만족한 감정을 즐겁게 누리는 마음의 상태이다.

만족한 마음의 상태를 만들기 위해서는 마음 다스림의 역량과 능력을 키우고 긍정적으로 사고하며 접해지는 현실에 감사하는 마음을 가지는 것이다.

감사할 줄 모르고 감사하는 마음 다스림의 역량과 능력 없이는 결코 여유롭고 행복한 감정이 만들어질 수 없다.

감사함을 마음으로 느끼지 못하는 사람이 어찌 만족을 알 수 있겠는가!

4차 산업혁명이 진행되고 있는 AI 시대를 살아가면서 법이 외면되고 수단과 방법을 가리지 않고 공익보다 사익을 앞세우는 혼돈스런 현실을 바로잡을 수 있는 것이 정의롭게 법을 지키며 도덕과 윤리를 따르게 하는 정의로운 마음 다스림의 역량을 키우는 것이다.

마음 다스림의 역량을 올바르게 실천하는 정도의 차이는 사람의 인격과 성숙한 인품에 의해 평가되고 가늠된다.

때문에 일상을 통하여 사람은 마음만 잘 다스려도 접해지는 다양한 문

깨닫는 마음의 환희(歡喜)

제들을 잘 해결할 수 있는 방법이 창조되며 행복한 인생 여정의 길이 만들어진다.

인생 여정의 현실은 접하고 있는 사회적인 현실의 모든 것이 경쟁이며 경쟁에서 이기는 자만이 살아남을 수 있는 각박한 환경이 존재하고 있다.

그리고 이러한 현실을 포용하며 주어지는 환경에 적응하고 접해지는 일상을 꾸려 가야만 하는 것이 삶의 현주소이다.

만약에 이러한 현실에 적응하지 못하고 이를 부정한다면 낙오자로 전락되기 시작한다.

인생 여정을 통하여 만나지는 환경은 자신이 생각하고 계획한 것이 뜻대로 되지 않는 경우가 상존하며 마음에 들지 않는 것이 하나둘이 아니다.

때로는 하는 일이 뜻대로 되지 않아 너무 힘들고 지쳐서 무기력해지는 경우도 있다.

너무 화가 나고 참기 힘들어 모든 것을 포기하고 싶은 생각을 하는 경우도 발생한다.

삶을 통하여 다른 사람과의 비교 우위를 점하려는 과욕에서 시기와 질투가 마음을 괴롭히며 참기 힘들게 하는 경우도 발생할 수 있다.

이러한 환경과 힘든 역경을 극복하기 위한 역량과 능력을 키우기 위한 마음 다스림을 숙고해 본다.

힘들고 어려운 것들을 해결할 수 있는 마음 다스림의 역량과 능력은 성숙한 소양과 인품을 키우며 주어진 현실에 충실하는 강인한 마음을 가지는 것이다.

진솔하고 소박하며 겸손한 마음으로 넓고 깊게 생각하며 묵상하는 시간을 가지고 긍정적인 사고로 마음을 다스리는 소양과 성숙한 인품을 키워야 한다.

생각이 엉키고 마음이 답답하며 뜻대로 되지 않는 경우에는 사색과 묵상하는 시간을 가지고 긍정적인 사고로 자신을 돌아보며 여유 있는 마음으로 매사에 접근하고 숙고해야 한다.

격하게 화가 나고 힘이 들수록 묵상하며 마음을 비우고 다르게 생각해 보는 여유를 가지고 휴식하며 웃음의 시간도 가져 본다.

심신이 지치고 힘이 들어 모든 것을 포기하고 싶을 때는 먼저 안식의 기회와 휴식하는 시간을 가지며 인생의 산실인 가정과 사랑하는 가족을 생각한다.

좌절과 절망과 싸워 이기기 위해서는 안식의 시간을 가지고 편안한 마음으로 사랑하는 가족을 행복하게 해야 할 의무와 책임과 할일이 있다는 것을 마음에 새기며 숙고해야 한다.

안식의 시간을 가지며 쉰다는 것은 멈춤이 아니라 심신을 가다듬으며 자신을 돌아보고 마음 다스림의 역량을 키우는 소중한 기회이고 시간이다.

조용하게 사고하며 순수하고 소박한 마음으로 생각을 바꾸고 보듬으며 묵상을 함으로써 심신이 안정되며 마음은 편안하고 새롭게 변화된다.

지나친 아집과 집착은 마음을 멍들게 하고 정의롭게 생각하고 사고하는 통찰력을 무디게 할 뿐만 아니라 긍정적으로 생각하며 판단하는 마음의 눈을 흐리게 만든다.

심신이 힘들고 어려운 환경이 만나질수록 "이 또한 지나가리라. (솔로몬)"라는 의미를 새기며 마음 다스림에 의해 달라지는 현상을 보듬고 숙고해 본다.

현재 접하고 있는 어려운 환경은 틀림없이 지나가고 변화되는 것이 시

　　　　　　　　　　　　　　깨닫는 마음의 환희(歡喜)

간의 순리이다.

약속은 안 했어도 오늘이 지나가면 내일이라는 시간은 오늘로 변하며 변함없이 찾아오고 이 또한 지나가고 과거로 묻히는 것이 시간의 섭리이다.

참고 견디며 진솔한 마음으로 현실에 충실할수록 기회는 반드시 다시 주어진다는 믿음과 확신으로 추구하는 꿈과 희망의 끈을 놓지 말아야 한다.

내일에 대한 기대와 희망을 가지고 잠자리에 들은 후 아침에 깨어나 보면 기다리던 내일은 없고 오늘이라는 새 아침을 맞이하게 되는 것은 변함이 없다.

언제나 자신이 존재하는 환경과 시간은 오늘이지 어제도 아니고 내일도 아니다.

때문에 주어지는 지금과 오늘의 환경에 충실함으로써 현실은 풍요롭고 행복하게 변화되며 내일을 위한 발판이 되고 바라는 미래는 덕과 복을 누리는 환경으로 변화될 것이다.

인생 여정을 통하여 사람은 현재와 미래에 대한 덕과 복을 기대하고 희망한다.

덕과 복이란 성숙한 마음 다스림의 역량으로 수많은 어려움을 극복하고 바라는 것을 정의롭게 실천함으로써 마음에 형성되며 주어지는 소중한 선물이다.

공자는 천재불용(天才不用)이라 하여 재주가 덕을 이겨서는 안 되며 재주가 세상을 구하는 것이 아니라 덕이 세상을 구하는 것이라고 하며 재주보다 덕을 우선했다.

재주보다 우선되는 소중한 덕에는 덕을 행하는 형태에 따라 음덕과 양

덕으로 구분된다.

양덕은 꽃처럼 예쁘고 아름다움을 뽐내고 좋은 향기를 자랑하며 자신을 겉으로 나타내며 선행을 베푸는 것이다.

그러나 음덕은 아름답게 선행을 베풀고 행하면서도 겉으로 드러내지 않고 보이지 않게 다른 것이 빛과 향을 낼 수 있도록 말없이 베풀고 도와주며 선을 행하는 것이다.

음덕은 식물이 아름다운 꽃을 피우게 하고 번식하며 자랄 수 있도록 하면서도 겉으로 나타내지 않고 베푸는 물과 같은 것이다.

물은 항상 낮은 곳을 흐르면서 더러운 것은 씻어 주고 메마른 대지는 적셔 주며 보이지 않게 많은 것들을 이롭게 도와주고 베푸는 아름다운 음덕을 지니고 있다.

물처럼 험한 계곡을 마다하지 않고 모든 식물에 생명을 불어넣으며 묵묵히 흐르는 물이 지닌 덕이야말로 배우고 익혀야 할 아름답고 소중한 음덕이다.

음덕을 행하는 물의 존재가 얼마나 소중한 것인가를 알면서도 그 역할을 다른 사람이 해 주기를 바라며 양덕만을 취하려고 하는 현실이 존재하고 있다.

모든 사람들이 꽃과 같은 양덕만 취하려 하고 물과 같은 음덕을 실천하는 사람이 없다면 세상은 어떻게 변화될까? 숙고해 본다.

그러나 신과 우주의 섭리는 참으로 위대하고 조화롭다.

세상은 누군가에게 무엇인가를 베풀고 나누어 주면서 반대급부를 바라지 않고 묵묵히 남모르게 음덕을 실천하고 선행을 베풀며 복되고 평화로운 사회를 위해 헌신하고 봉사하는 사람이 많이 있다.

깨닫는 마음의 환희(歡喜)

연말이 가까워지면 사랑의 온도를 높이기 위해 십시일반으로 남을 도우려는 많은 사람들,

많은 종교계의 물적 심적인 봉사와 말없이 어려운 이웃을 도우며 사랑을 베풀고 나누는 사람들,

각종 사회단체와 개인적으로 자선을 행하는 많은 사람들이 아름다운 마음으로 음덕을 베풀고 있다.

이처럼 음지에서 묵묵히 보이지 않게 평화롭고 행복한 사회를 위해 봉사하며 물적 심적으로 돕고 베풀며 나눔으로 음덕을 실천하는 사람이 많이 있다.

이웃과 자신의 모든 것을 위해 추구하는 정의로운 마음 다스림은 처음부터 크고 대단한 것이 아니라 작고 소소하며 쉬운 것부터 시작하면서 점점 크게 변화되는 것이다.

무엇인가를 하면서 크고 위대한 것을 바라며 완전무결하게 너무 잘 하려고 하면 뜻대로 되지 않아 자신을 힘들게 하는 일이 발생한다.

무엇이 되었든 힘겹게 너무 크고 완벽하게 하려는 곳에는 반드시 욕심이 동하게 되어 마음이 무겁고 힘들며 어려워진다.

이것저것 가려서 이익이 되고 편하고 좋은 것만을 취하려고 하는 마음에는 욕심을 불러들여 자신을 힘들고 어렵게 만드는 원인이 된다.

좋은 것만을 원하고 추구하는 것이 인간의 본능이지만 일상의 삶에 좋은 것만 만나지지 않는 것이 만사의 이치이며 아집과 욕심으로는 채워지지 않는 것이 사람의 마음이다.

욕심은 자신을 힘들게 하고 괴롭히며 고통스럽게 만들고 심신의 건강을 좋지 않게 하는 스트레스를 생산하는 마음의 공장이다.

작고 소소한 것이라도 선한 것이 아니면 유혹의 향기를 멀리하고, 좋은 것이라 생각되면 유혹의 향기가 없고 작고 소소한 것일지라도 망설이지 말고 적극적으로 실천함으로써 마음 다스림의 역량을 키우는 기회가 된다.

정의롭고 가치 있는 마음 다스림의 역량을 키우기 위해 남의 것 함부로 탐하지 말고,

작은 것일지라도 가진 것으로 만족할 줄 아는 인품을 키우며,

자신의 아집과 욕심을 채우기 위해 다른 사람의 마음을 아프고 힘들게 하지 않는 인품을 키워야 한다.

그리고 정의롭고 겸손하게 자신의 마음을 다스리며 물 흐르듯 구름 가듯이 부드럽고 아름답게 배려하며 베푸는 음덕의 선행을 실천하는 마음 다스림의 역량을 키워야 한다.

선의의 경쟁이란 것을 망각하고 남과의 비교 우위를 점하려는 마음에 발생하는 부럽다는 생각을 하기에 앞서 모든 것이 성실하게 실천하는 마음 다스림에 의해 만들어지는 결과라는 것을 직시하고 긍정함으로써 마음 다스림의 역량을 키우는 정의로운 바탕이 만들어진다.

세상을 살아가며 주위를 자세히 살펴보면 사람마다 모두가 나름대로 가지고 있는 크고 작은 어려움이 있고 근심과 걱정이 있는 것이 실상이다.

잘못된 생각과 마음을 바로잡기 위해 긍정적인 사고로 확신과 믿음으로 매사를 즐겁게 포용하며 감사할 줄 앎으로써 마음 다스림의 역량은 키워진다.

아집과 욕심으로 뜻대로 되지 않는 것을 원망하며 남을 탓하는 생각을 미련 없이 버리는 것은 올바른 마음 다스림의 역량에 의해 익혀지는 지혜

깨닫는 마음의 환희(歡喜)

이다.

겸손한 마음으로 나누고 베풀며 덕을 쌓아 감으로써 작은 것을 가지고도 감사하는 마음에 행복의 맛과 멋을 누릴 수 있다.

그리고 삶을 살아가며 작은 것을 가지고도 겸손한 마음으로 감사하며 만족할 줄 앎으로써 성숙한 인품과 마음 다스림의 역량이 키워지고 익혀진다.

사람이 많이 배우고 아는 것이 많고 풍부하다 해도 겸손과 감사를 모른다면 배움이 적고 아는 것이 부족하지만 겸손과 감사를 아는 사람만 못하다.

겸손의 미덕을 깨닫고 뉘우치지 못하면 높음이 낮음을 모르고, 낮음이 높음을 모르는 마음 다스림으로는 주위로부터 인정받고 존경받지 못한다.

100가지를 아는 사람이 한 가지도 실천하지 않는다면 한 가지를 알고 그것을 성실하게 실천하는 사람만 못하며 한 가지를 아는 사람이 주위로부터 더 인정받고 존경을 받게 된다.

세상은 접해지는 현실과 환경이 나를 힘들게 하는 것이 아니라 작은 것을 가지고도 감사하며 만족을 아는 마음 다스림의 역량이 부족하기 때문에 자신을 힘들게 하는 것이다.

인간은 만물의 영장이라고 하지만 독불장군으로 혼자서 살아갈 수 없기 때문에 상호 간의 협조와 도움으로 좋은 대인관계를 유지하는 것이 일상의 바탕이 되어야 한다.

때문에 어떠한 만남과 관계가 되었던 시작과 과정은 신중하고 환경은 온화하며 믿음이 있어야 하고, 헤어질 때는 착한 사람으로 헤어지며 서로가 그리운 사람으로 기억될 수 있게 하는 것은 모두가 마음 다스림의 몫이다.

세상에서 가장 지혜로운 사람은 어떠한 경우에도 늘 배움의 자세를 갖고 있는 사람이며, 가장 강인한 사람은 자신과의 싸움에서 이기는 사람이다.

그리고 가장 행복한 사람은 성숙한 인품으로 접하고 있는 환경을 포용하고 주어진 현실에 충실하며 여유롭고 만족한 마음으로 매사에 감사할 줄 아는 사람이다.

한 세기의 대문호인 "아리스토텔레스"는 "행복은 감사하는 사람이다."라 했고,

인도의 시성 "타고르"는 "감사의 분량이 곧 행복의 분량이다."라고 한 행복에 대한 가르침을 마음에 수용하며 새긴다.

삶의 가치를 어디에 두고 어떤 생각으로 어떻게 살아가느냐에 따라 각자가 추구하고 있는 인생의 가치도 많이 달라지며 마음 다스림의 역량도 평가되고 가늠된다.

남다르게 긍정적인 사고로 주어진 현실을 수용하며 포용하는 마음 다스림의 역량을 가진 사람의 이야기를 참고해 본다.

"말기 암을 앓고 있는 80세가 넘은 할머니가 웃음치료를 다니면서 할머니의 모습은 다른 사람에 비해 즐겁고 행복해 보였다.

언제나 그를 볼 때마다 항상 웃음 띤 얼굴 표정으로 모습을 밝게 하고 다녔다.

인사와 위로를 할 겸 할머니께 건강은 좀 어떠하세요? 라고 물었을 때 할머니는 "아주 좋아요."라고 말씀하시며 나는 내가 가지고 있는 말기 암 말고는 너무도 편하고 행복하다고 하셨다.

그러면서 암이 80살이 넘은 내 몸에 들어와서 예정된 시간에 누구나 가야 할 또 다른 세상으로 가는 것을 미리 알려주니 얼마나 행복한 것이냐고 반문하셨다.

깨닫는 마음의 환희(歡喜)

할머니가 대답하는 말씀에 담겨진 의미를 숙고하며 마음 다스림에 대한 많은 배움으로 행복이 무엇인지를 깨닫고 뉘우치며 되돌아보는 기회를 가진다.

암이란 것이 현시대의 고질병이라 하지만 암이라는 것이 고질병이라고 고민과 걱정만 하지 말고 긍정적인 사고로 다르게 생각하며 만들어지는 현상을 추리해 본다.

"고질병"이라는 단어는 분명히 몹쓸 병이지만 질자에 점 하나 붙이면 칠자가 되어 "고칠 병"이 된다.

몹쓸 고질병이 아닌 고칠 병으로 생각을 변화시켜 보자!

긍정적인 사고로 편하고 즐겁게 고질병이 아닌 고칠 병이라고 소리치면 마음이 변화되며 고칠병이라는 생각이 심신을 지배할 수 있게 변화될 수 있다.

긍정적인 사고로 마음 다스림의 역량을 키우며 걱정하고 절망하기보다 기대와 희망을 가지는 것이 더 효과 있고 행복한 감정을 만들어 준다.

원하는 것이 뜻대로 되지 않아 마음이 괴롭고 아프게 하는 것이 외부의 환경에 의한 것도 있겠지만 자신의 생각과 마음가짐에 의해 만들어지며 모든 것은 결국 마음 다스림의 역량으로 해결해야 하는 몫이다.

무엇이 되었든 마음이 즐거우면 힘이 들지 않지만 근심과 걱정이 있으면 힘이 들고 어려운 것도 당신의 마음 다스림의 역량을 키움으로써 해결된다.

긍정적인 사고로 성숙한 인품을 단련하고 수련하며 마음 다스림의 역량을 키우는 것은 바람을 현실로 만들어 주는 근원이다.

4-3. 다스림의 지혜(知慧)를 익히자

손과 발에 흙을 묻히며 시원한 샘물과 깨끗하고 맑게 흐르는 냇물과 함께하던 옛 시대의 티 없이 맑고 아름다운 자연환경을 회상하며 마음에 담아 본다.

이처럼 신선하고 티 없는 자연의 향기와 맑은 공기와 깨끗한 샘물을 마시고 호미와 낫으로 땀 흘리며 우직한 소(牛)의 힘으로 논밭에서 일을 하던 시대를 돌아본다.

땀 흘리며 손때 묻은 공산품을 만들던 정겨운 농공 시대를 뒤로하고 공업화 시대와 아날로그 시대를 거쳐 디지털과 인공지능(AI) 시대가 진행되고 있는 문명을 누리는 현재를 숙고해 본다.

접하고 있는 현재의 실상은 인공지능(AI)으로 복잡다단한 기술을 삶의 일상에 접목하고 무한하게 발전하는 문명의 혜택을 누리고 있는 현실이 진행되고 있다.

컴퓨터의 하드웨어와 소프트웨어 프로그램에 의해 사람처럼 생각하고 필요한 것을 배우며 익히고 AI 기능을 활용하며 필요한 것을 다스리는 현실이 경이롭기도 하다.

한편으로는 인간이 만물의 영장으로 존립하는 환경이 무너질 수 있다는 생각도 해 본다.

하지만 사람의 지식과 지혜가 동원되어 인간을 위해, 인간의 힘으로, 인간에 의해 만들어진 것이 AI이기 때문에 걱정할 필요가 없다는 마음으로 자위하며 생각을 다스려 본다.

지금까지 지나온 삶을 돌아보며 인공지능의 문명을 누리는 4차 산업혁

깨닫는 마음의 환희(歡喜)

명 시대가 진행되고 있지만 도래될 미래의 환경은 추리하며 예측은 할 수 있지만 그것은 신만이 알고 있다.

세계적으로 가장 많이 읽혀지는 성경의 말씀을 배우고 익히며 믿음과 사랑으로 인간의 소망과 번민을 다스리는 종교계의 신성한 가르침과 옛 선현과 선각자의 교훈을 사고하며 징비(懲悲)라는 언어의 의미를 숙고해 본다.

징계할 징(懲), 삼가할 비(悲)라는 언어의 의미처럼 과거의 잘못을 바르게 고치고 다스리며 발생하는 문제들을 사전에 경계한다는 것은 참으로 소중한 가르침이며 익혀야 할 배움이다.

항상 징비하는 마음으로 오늘에 성실하고 내일을 위해 준비하는 것을 충실하게 다스림으로써 과거는 아름답게 장식되고 현재는 평화롭고 행복한 환경으로 발전되며 미래는 예측이 가능해진다.

일상을 살아가며 재난에 대비하고 사전에 경계하며 매사를 다스린다는 것은 참으로 소중한 지혜다.

재난과 재앙을 사전에 대비하며 경계하고 다스리는 형태에 따라 만들어지는 현상을 숙고해 본다.

재난과 재앙을 당하고도 이에 대비하지 않는 다스림의 형태,

재난과 재앙을 당하고 난 후에야 비로소 이에 대비하는 형태,

재난과 재앙을 당하기 전에 대비하고 경계하며 현명하게 다스리는 형태로 구분해 본다.

무엇을 어떻게 경계하고 재난과 재앙에 대비하기 위해 어떤 형태를 선택하느냐 하는 것은 모두가 인간의 성숙한 마음 다스림의 몫이다.

사람이 재난과 재앙에 징비하기 위하여 다스린다는 것은 생각과 마음

뿐만 아니라 배우고 익힌 앎을 실천하고 인격과 인품을 수양하며 매사를 안전하고 평화롭게 만드는 근본이다.

다스림의 범주와 대상은 작게는 개인과 소소한 모임이나 친목회와 같은 것이 있고 크게는 사회단체나 국가와 세계적인 연합체 등이 있다.

다스림은 소소한 모임이나 조직과 단체 그리고 거대한 연합체를 관리하며 발생하는 모든 것을 조화롭게 통제하고 지도하며 이끌어 가는 지적인 마음의 총화이다.

그리고 조직과 단체나 개인에게 주어진 임무를 수행하며 목적과 목표를 이루기 위해 관계된 것을 보살피며 합리적으로 통제하고 관리하는 심신의 능력이다.

일생을 살아가며 생각의 차이와 이해관계가 다름으로 인해 발생되는 문제를 해결하기 위하여 함께 공감할 수 있는 방법을 찾아 합리적으로 이견을 조율하는 성숙한 인품을 수련하고 단련함으로써 다스림의 지혜는 키워지고 익혀진다.

평화롭고 정의로운 사회를 위한 법도 매사에 대한 다스림을 위해 옳고 그름의 기준을 뒷받침하기 위해 만들어진 것이다.

생각의 차이와 서로의 이해관계가 다름으로 인하여 분쟁이 발생하였을 때 윤리와 도덕적으로 옳고 그름을 합리적으로 판단하며 결정한 것을 따르는 것이 사람의 도리이다.

얽히고설킨 세상만사의 응어리진 문제들을 공평무사하게 해결하는 데 꼭 법으로만 해결하며 서로에게 만족한 결과를 만드는 데는 한계가 있기 마련이다.

법의 판단과 결론에 의한 당사자의 이해관계에는 만족하는 부분도 있지

깨닫는 마음의 환희(歡喜)

만 수긍하지 못하고 불평불만이 따르는 것이 삶의 일상에 존재하고 있다.

그럼으로 이러한 불평불만을 해소하기 위하여 성숙한 인품에 의한 다스림의 지혜로 상호 간의 이해와 협조를 구하며 좋은 결과를 만들어내는 길이 있다면 이것은 법보다 우선되어야 하며 가장 바람직한 선택이고 으뜸이 되는 방법이다.

이처럼 법보다 우선일 수 있고 삶을 가치 있고 행복하게 만드는 것이 배우고 익혀야 할 진정한 다스림의 지혜이다.

물을 담기 위해 그릇이 필요하듯 사람도 다스림을 위한 앎과 성숙한 인품이 담겨지는 마음의 그릇이 필요하다.

물은 음덕의 향기도 있지만 담기는 그릇을 탓하지 않고 둥글거나 모가 진 모양에 관계없이 담겨지며 부드럽고 유연하다.

물은 같은 그릇이라도 담겨지는 내용물에 따라 그릇의 가치와 불리는 이름도 달라진다.

그럼으로 같은 그릇이라도 간장을 담으면 간장 그릇, 맑은 약수 물이 담겨지면 약수 물 그릇, 더러운 물이 담겨지는 경우 구정물 그릇으로 변한다.

그리고 물이 담겨지는 그릇이 바르게 놓여 있지 않거나 금이 가고 깨진 그릇에는 물이 담겨지지 않는다.

다스림을 위한 앎과 인품이 담겨지는 마음의 그릇도 정의롭지 못하고 부정적인 사고로는 바르고 가치 있는 것이 마음의 그릇에 담겨지지 않는다.

긍정적인 사고로 정의롭고 좋은 생각을 가져야 정의롭고 좋은 것이 마음의 그릇에 담겨진다.

물이 담겨지는 그릇의 형태를 탓하지 않고 담겨지는 것처럼 마음의 그릇도 좋고 나쁜 것을 가리지 않고 담겨지지만 어떤 것을 선택하며 결정하느냐 하는 것은 오직 자신의 생각과 마음가짐에 의해 선택되고 결정된다.

아무리 좋은 그릇이라도 구정물이 담겨지면 구정물 그릇이 되듯이 마음의 그릇에 담겨지는 것도 좋고 나쁜 내용에 따라 당신의 소양과 성숙한 인품과 위상이 달라진다.

긍정적인 사고에 의한 당신의 믿음과 확신, 겸손과 배려, 사랑과 나눔, 협조와 이해, 인격과 소양, 성숙한 인품 등과 같은 것이 마음의 그릇에 담겨질 때 소중한 지혜가 담기는 보물의 그릇이 된다.

만약에 부정적인 사고로 불신과 의심, 교만과 오만, 질투와 욕심, 거짓과 위선 등등과 같은 것이 마음의 그릇에 담겨진다면 자신을 해치는 좋지 못한 다스림의 역량으로 인하여 파멸과 파탄의 결과가 만들어지는 것은 불을 보듯 분명하다.

정의롭지 못한 것이 마음의 그릇에 담겨짐으로써 당신의 다스림의 역량과 능력은 리더로서의 자격은 실패이며 희망 대신 절망과 파멸의 결과가 기다릴 뿐이다.

다스림의 지혜가 부족하면 편협된 사고와 편견으로 인하여 사사로운 이익에 동요되며 서로의 생각이 다르고 이해관계가 다른 것을 조화롭게 다스리며 합리적으로 이끌어 가는 것이 불가능해진다.

일생을 살아가며 매사에 발생하는 것을 합리적으로 조율하며 조화롭게 만들어 가는 것이 다스림이다.

다스림의 지혜는 조화롭고 합리적이며 긍정적인 사고로 타협하며 협조와 이해를 구하고 상대를 설득할 수 있는 성숙한 인품을 키움으로써 다스

깨닫는 마음의 환희(歡喜)

림의 지혜가 키워지고 익혀진다.

그리고 성숙한 소양과 인품에 의한 다스림의 지혜를 익힌 리더쉽을 가지게 된다.

조직이나 단체를 이끌어 가는 지도자로서 구성원의 인화단결로 목적과 목표를 성공적으로 수행하는 역량과 능력에 따라 다스림을 위한 마음의 그릇이 크고 작음이 가늠되고 평가된다.

다스림이 잘못되면 진행하는 일이 뜻대로 되지 않을 뿐만 아니라 오류가 생기고 많은 스트레스를 받게 된다.

스트레스는 인체의 소중한 심장을 괴롭히며 마음을 불편하고 화나게 만들며 감정을 격하게 만드는 주된 원인이다.

그리고 스트레스와 격한 감정은 마음을 어둡고 무겁게 만들며 인체의 심장을 괴롭히는 범인이다.

사람의 심장은 심신을 움직이는 기운이 담겨 있는 인체의 그릇이기 때문에 심장은 튼튼하고 강건해야 한다.

인체의 기운이라는 것은 사람이 살아 숨 쉬며 움직이게 하는 동력의 원천이다.

심신이 강건하지 못하면 마음이 불편하고 쉽게 화가 난다.

화난 감정으로 표현하는 음성은 거칠고 커지며 사람을 혐오스럽게 변화시키고 심신의 기운을 빼앗아 심장을 연약하게 만든다.

혐오스럽고 거칠며 화난 음성과 고함소리는 잘되어 가던 것도 잘못되게 만들 뿐만 아니라 다툼의 환경으로 변화시킨다.

때문에 좋은 다스림의 지혜를 익히기 위해 늘 배우며 익힌 앎으로 인격을 수양하고 성숙한 인품을 키우며 겸손한 마음으로 소통하며 심신을 강건하게 만들어야 한다.

　마음의 그릇에 담겨지는 생각과 인품에 의해 주위로부터 좋은 대접을 받을 수도 있고 대접을 받지 못하는 천덕꾸러기로 바뀌는 경우도 발생한다.

　사람은 평소에 가지고 있는 인품과 사고방식에 의해 성격이 형성되고 개성이 변화되며 위상이 겉으로 나타나게 된다.

　마음의 그릇에 담겨지는 사고에 의해 만들어지는 현상과 변화되는 환경을 살펴본다.

　마음의 그릇에 부정적인 사고가 담겨지면 편협된 생각과 편견에 의해 옳고 그름을 떠나 모든 것을 자신의 아집과 욕심에 의해 판단하고 행동하게 된다.

　그러나 긍정적인 사고가 마음의 그릇에 담겨지면 배려하고 타협하며 매사를 겸손하게 통찰하며 정의로운 안목으로 바르게 판단하며 소통하게 됨으로써 주위로부터 인정받고 존경받는 성숙한 인품으로 위상이 변화된다.

　그리고 사물을 통찰하는 안목이 편협됨이 없이 바르게 바라보며 조화롭게 판단하는 지혜를 익히게 된다.

　간혹 많은 사람들 중에는 많이 배우고 익혀서 남보다 앎이 풍부한 것이 잘못되어 교만하고 오만하게 변하는 사람도 있다.

　교만과 오만을 마음에서 비우고 버리며 배우고 익힌 앎으로 터득한 것을 유익하게 활용하며 깊고 넓게 생각하고 겸손한 마음으로 주어지는 현실에 충실함으로써 추구하는 다스림의 지혜가 익혀진다.

　마음이 힘들고 혼란스러운 경우에는 잠시 심신을 추스르고 조용하게

　　　　　　　　　　　　　　　깨닫는 마음의 환희(歡喜)

마음의 그릇에 무엇이 담겨 있는가를 돌아보는 기회를 가져 보십시오!

혹시나 자신을 힘들게 하며 마음을 아프게 만드는 부정적인 사고로 쓸데없이 남을 질시하고 불신하는 좋지 못한 생각이 마음의 그릇에 담겨 있지 않은지 살펴보아야 한다.

심신을 즐겁고 여유롭게 하는 배려, 봉사, 사랑, 나눔, 겸손, 믿음, 희망, 확신 등등과 같은 좋은 언어의 의미를 마음의 그릇에 채워 보십시오!

이러한 것을 마음의 그릇에 담고 자신을 돌아보며 깨닫고 뉘우침으로써 인품이 성숙해지며 다스림의 지혜는 더욱 키워지고 익혀진다.

낮은 곳을 찾아 흐르는 물이 지닌 음덕의 선행을 추구하며 자신의 모자람과 부족함을 뉘우치고 먼저 머리 숙일 줄 알고 낮게 자리할 수 있는 겸손한 마음가짐은 성숙한 인품을 키우며 다스림의 역량을 덕스럽고 복되게 만드는 지혜이다.

겸손하고 합리적이며 정의로운 사람은 어떤 환경이 접해지고, 어떤 일을 하든 화내지 않으며, 상호 간에 너는 틀렸고 내가 옳다는 2분법적인 편협된 주장을 하지 않는다.

옳고 그르다는 2분법적인 판단은 논쟁과 다툼의 원인을 제공하는 근원이 될 수 있다.

이러한 경우의 올바른 다스림의 지혜는 옳고 그르다는 2분법적인 판단보다 서로의 다름을 인정하며 양보하고 배려하며 서로가 수긍할 수 있는 공통분모를 찾는 것이다.

서로가 틀린 것이 아니라 다만 서로의 생각과 접해 있는 환경이 다를 뿐이라는 것을 전제로 상호 타협하며 이해를 구하고 배려하는 마음을 가짐으로써 공통분모는 찾아질 것이다.

상호 원원(win)할 수 있는 최상의 방법을 도출해 내는 것이 다스림의 역량에 의해 만들어지는 현상이며 배우고 익혀야 할 소중한 다스림의 지혜이다.

온 누리에 펼쳐진 자연과 사물에 관계된 것을 숙고하며 인지하는 마음과 느끼는 감동을 운율적으로 알기 쉽고 아름답게 표현한 시(詩)가 문학의 장르라고 하면 리더로서의 자질과 능력을 향상시키며 마음의 역량으로 성숙한 인품을 키우는 것은 다스림의 지혜를 익히는 장르이다.

다스림의 지혜는 조직이나 집단을 운영하거나 관리하면서 모두의 협조와 협력으로 주어진 목적과 목표를 거부감 없이 합리적으로 이루어 내는 성숙한 인품의 총화이다.

다스림의 지혜에 의해 만들어지는 현상과 환경을 숙고해 본다.

다스림이 잘못되면 부정적인 생각으로 인해 사물을 바라보는 시각과 판단이 부정적으로 변하며 믿음과 확신을 갖지 못하고 불신하며 의심을 하게 된다.

건강하게 심신을 단련하고 수련하며 성숙한 인품을 만드는 것은 다스림의 지혜를 익히며 키우는 근원이다.

다스림의 지혜를 키우며 익히는 출발은 긍정적인 사고로 건강하게 몸을 단련하고 마음은 수련하며 강인한 심신을 만드는 것으로부터 시작된다.

유상재무상기(有相才無相器)라는 고사성어의 의미처럼 재상이 재능은 있으나 재상의 그릇이 못 된다는 의미를 숙고해 본다.

사람이 사람답기 위해서는 홍익인간으로써 사람다운 인품이 마음의 그릇에 담겨 있어야 한다.

호수가 아무리 넓고 깊고 푸르러도 호수가 바다가 될 수 없고,

깨닫는 마음의 환희(歡喜)

존재하는 모든 사물이 사물다워야 사물다운 가치가 형성되며,

마음의 그릇에 담겨지는 앎도 인품을 키울 수 있는 정의로운 앎이 되어야 추구하는 다스림의 지혜가 키워지고 익혀진다.

마음의 그릇다운 그릇을 만들기 위해서는 언제나 배우고 경험하며 익힌 앎으로 인격을 수양하며 도량과 성숙한 인품을 키워야 한다.

세상에는 재능이나 능력이 뛰어난 사람은 많이 있다.

그리고 좋은 대학 나오고 학위도 높고 말도 잘하며 두뇌가 좋은 사람도 많이 있다.

그러나 두뇌가 뛰어나고, 많이 배우고, 좋은 대학 졸업하고, 학력이 높다고 모두가 인격이 수양되고 소양과 인품이 성숙한 것은 아니다.

적재적소에 활용될 수 있는 소양과 성숙한 인품을 가진 인재다운 사람은 드물다고 하는 것이 이구동성으로 말하는 현사회의 공통된 의견이며 문제라는 것을 숙고해 본다.

다스림의 지혜가 담겨지는 마음의 그릇이 크고 건전하며 겸손하고 인품이 성숙한 사람은 주어진 업무를 수행함에 있어 주위의 모든 것을 다스리며 통솔하는 능력과 책임지는 자세와 마음이 강인하면서도 너그럽고 부드러우며 포용력이 있다.

일상을 통하여 배우고 익힌 앎을 성실하게 실천하며 키워지는 재능으로 성숙한 인품을 만듦으로써 익혀지며 키워질 수 있는 것이 다스림의 지혜이다.

성공적인 리더는 남다른 설득력과 포용력으로 사물을 바라보며 통찰하는 시각이 넓고 정의로우며 서로가 틀린 것이 아니라 다름이라는 것을 잘 설명하고 상대를 이해시키며 서로가 수긍하고 인정하는 결과를 이끌어

내는 다스림의 지혜가 풍부하다.

건강한 육체에 건전한 정신이 깃들 수 있듯이 건강한 심신으로 늘 배우며 익힌 앎을 성실하고 조화롭게 실천하며 성숙한 인품을 키움으로써 다스림의 지혜는 키워지고 익혀진다는 확신을 가진다.

5.

현재(現在)의
소중(所重)함을 깨닫자

하늘을 우러러보며 사고하는 우주는 참으로 광대하고 시야에 펼쳐진 창공의 광경은 너무도 경이롭다.

사고하는 마음에 무한하게 펼쳐진 광경과 우주를 밝혀 주며 찬란하게 빛과 열을 발하고 이글대며 타오르는 태양과 모든 것을 아우르고 품어주는 우주의 섭리는 참으로 신비롭다.

시야에 무한하게 펼쳐진 창공의 광경을 바라보면서 생각하면 할수록 붉게 타오르는 태양의 존재는 위대하며 경이롭고 신비하다는 말보다 더 실감나는 표현을 할 수 없는 한계를 느낀다.

인간이 활동하며 살아가는 지구는 찬란한 빛과 열을 발하고 이글대며 타오르는 태양을 중심으로 자전을 하며 온 누리의 밤과 낮이 만들어진다.

밤과 낮이 반복되는 지구는 태양과 함께 공전을 하며 봄, 여름, 가을, 겨울이라는 4계절을 만들어 놓았다.

이처럼 자전에 의한 밤과 낮, 공전에 의한 4계절, 한 해는 365일, 하루는 24시간, 1시간은 60분, 1분은 60초와 같이 인간이 인위적으로 만들어 놓은 시제라는 프레임과 현재라는 시간과 환경이 존재하고 있다.

강물이 멈춤 없이 유유히 흘러가듯이 쉬지 않고 끊임없이 지나가는 시간과 공간을 아우르고 있는 현재의 환경은 사람이 태어나서 생을 마칠 때까지 무수하게 접하게 된다.

그리고 때와 장소를 가리지 않고 접해지는 현재라는 환경은 일생을 통하여 사람이 수용해야 하는 환경이며 시간이다.

어떤 것으로도 지나간 지금의 현재는 되돌릴 수도 없으며 회복할 수도 없는 시간이며 환경이다.

"지나간 것은 쫓지 말고, 아직 오지 않은 것은 생각지 말며, 과거 그것은

깨닫는 마음의 환희(歡喜)

이미 버려졌으며, 미래 그것은 아직 오지 않았다. 그러므로 단지 지금 존재하고 있는 이 자리에서 관찰해야 한다."(석가모니)라는 가르침을 마음 깊이 새기며 현재의 소중함에 대한 의미를 배우고 익히며 마음 깊이 새긴다.

인간이 인위적으로 정해 놓은 시제(時制)라는 프레임 속에 존재하는 시간과 공간을 아우르고 있는 현재라는 환경은 좋든 싫든 거부할 수 없이 수용해야 하는 것이 인간이다.

누구를 막론하고 자신의 마음과 생각에 관계없이 현재라는 시간과 환경을 수용하며 살아가야만 하는 것이 인간의 숙명이다.

일생을 통하여 수없이 만나지는 현재의 시간과 환경을 아우르며 활동하고 있는 오늘의 낮과 밤이 지나면 하루가 지났다고 한다.

주어지는 순간순간의 시간이 모여 24시간이 되면 하루가 되고 하루하루를 보내는 날이 30일이 모이면 한 달이 된다.

한 달 두 달이 모여 열두 달이 모이면 한 해가 되고, 한 해 두 해가 모이고 모여 5년 10년이라는 속절없는 세월이 만들어지는 것이 시간의 속성이다.

시간이 지나면서 하루가 지나고 달이 지나며 계절이 바뀌고 강물이 흘러가듯 멈춤 없이 지나가는 것이 세월이기 때문에 세월을 속절없다고 표현하는 것 같다.

인간이 활동하며 시간을 활용하는 생활 형태를 살펴보면, 소리 없이 지나가는 시간 속에 일상을 꾸려 가며 변화무쌍한 AI 시대를 맞아 오늘은 어제같이 내일은 오늘처럼 아무런 변화 없이 고정관념의 틀 속에 살아가는 사람이 있다.

그러나 변화무쌍한 AI 시대의 일상을 통하여 원하는 것을 추구하며 주어지는 현재의 소중함을 깨닫고 뉘우치며 변화되는 환경을 포용하고 새로운 것을 위해 자신을 변화시키며 발전하는 사람도 있다.

변화가 없다는 것은 반복되는 일상의 하루하루를 소비하며 발생하는 작고 큰일들이 좋든 싫든 별다른 변화 없이 순응하며 마음에 수용하는 형태이기도 하다.

하지만 변화무쌍한 일상을 살아가며 만나지는 작고 큰 것에 대해 좋은 것은 수용하고 잘못된 것은 시정하고 노력하며 더 발전된 삶을 위해 도전하며 변화를 추구하는 사람도 있다.

이러한 두 가지의 형태 중 선택은 자신의 몫이다.

그러나 원하는 것을 위해 정의롭게 활동하며 주어지는 현실을 포용하고 수용하며 발전하는 것이 더 바람직한 선택이란 것은 모두가 알고 있다.

편하고 안전한 것만을 추구하는 데 머무르지 않고 도전과 변화에 대한 리스크를 감수하며 변화하는 것을 수용하고 숙고하며 실천하는 것은 도약과 발전을 위한 용기이며 뿌리이다.

지금이라는 환경과 시간은 기다려 주지도 않고 잡을 수도 없는 무형이지만 생각에 따라 무수하게 주어지는 것이 소중한 현재의 환경과 시간이다.

현재라는 이미지는 언제나 싱그러우며 무엇인가를 할 수 있다는 생각에 마음이 새로워진다.

누구에게나 공평하게 주어지는 현재의 시간과 환경을 어떻게 활용하느냐 하는 마음가짐에 의해 발전하며 성장하느냐,

발전 없이 제자리에 머물며 정체하느냐,

그렇지 않으면 퇴보하느냐 하는 것이 가늠된다.

사람이 살아 숨 쉬며 활동하는 동안에는 인위적으로 만들어진 시간의 프레임인 시제(時制)에 따라 일상을 꾸려 가며 주어지는 환경을 포용해야

깨닫는 마음의 환희(歡喜)

만 한다.

한 번 지나가면 다시 돌이킬 수 없는 시간을 인위적으로 만들어 놓은 시제는 참으로 조화롭고 오묘하며 오늘(현재)과 어제(과거)와 내일(미래)로 구분되어 있다.

그리고 시제가 품고 있는 이미지는 과거인 어제는 어쩔 수 없는 날이며, 현재인 오늘은 어제를 돌이켜보며 원하는 것을 만들어 갈 수 있는 날이고, 미래인 내일은 꿈과 희망이 잠재되어 있다.

지나간 것을 돌이켜 보며 반성해 보고 아직 오지 않은 내일에 잠재되어 있는 기대와 희망을 추리해 보며 무엇이든 하고 싶은 것을 할 수 있는 오늘의 현재가 얼마나 소중한 것인가!

가장 소중하고 중요한 오늘의 현재는 과거를 보듬고 미래를 아우를 수 있는 환경이며 시간이다.

현재라는 시간과 환경은 당신의 생각과 마음가짐에 따라 지금과 오늘이 될 수도 있고 내일과 모레 또는 그 후의 날이 될 수도 있다.

때문에 현재의 소중함을 깨닫지 못하고 주어지는 시간과 환경을 다음으로 미룬다면 당신의 생각과 선택에 따라 신이 주신 선물인 현재에 대한 가치는 크게 달라지며 차이가 있다.

주어지는 현재라는 시간과 환경은 소중하지만 그중에서도 주어지는 현재라는 시간과 환경의 소중함을 깨닫고 뉘우치며 활용하는 지금의 현재가 가장 소중하며 가치가 있다.

세상에 존재하는 황금, 소금, 지금이라고 하는 세 가지의 금중에서 지금이 가장 소중하다는 의미를 숙고하며 음미해 본다.

황금은 죽음 앞에서는 그저 돌멩이에 불과하며, 소금은 언제든지 돈으로 필요한 만큼 살 수 있고, 지금은 어떤 것으로도 살 수 없을 뿐만 아니라 사람이 탄생부터 죽음의 순간까지 함께하는 것이기 때문에 지금이 가장 소중하며 중요하다고 한다.

활용하지 않는 지금의 현재는 수없이 만나지고 지나가지만 주어지는 현재의 가치는 형성되지 않으며 의미 없이 과거에 매몰되는 것이 지금의 현재라는 환경과 시간의 속성이다.

현재는 언제나 자신의 생각과 마음에 가장 가깝게 주어지며 존재하고 있는 시간과 환경이다.

한 시대의 위대한 문학자이며 종합적인 천재라고 일컫는 괴테(Goette)는 "겸손과 즐거운 생활을 하려거든 지난 일을 가지고 투덜대지 말고 성내지 말며 언제나 현재를 즐겨라, 그리고 남을 미워하지 말고 미래는 신에게 맡겨라."라고 하였다.

현재의 환경과 시간의 소중함을 일깨워 주는 의미를 진솔하게 깨닫고 뉘우치는 마음에 수용하며 주어지는 현재의 환경과 시간을 다음으로 미루지 말고 소중하게 활용해야 한다.

종교 개혁의 선구자인 "마틴 루터"는 "천국은 오늘 하루 감사하며 가는 자만이 가는 곳이다."라고 하였다.

돌이킬 수 없는 오늘의 현재에 주어지는 환경과 시간을 소중하게 생각하며 아끼고 사랑하며 활용하는 마음을 가지자.

행복한 일상을 유지하며 발전시키기 위해 과거는 반성하고 참고는 하되 잊어버릴 것은 깨끗이 잊고 사사로운 연민에 연연하는 데 현재의 시간을 낭비하지 말아야 한다.

주어진 현재에 충실하며 좋은 것을 사고하고 실천하는 것만이 자신을

깨닫는 마음의 환희(歡喜)

위한 최상의 기회이고 환경과 시간이라는 것을 긍정하며 과거는 아름답게 추억하고 지금의 현재를 지배하며 미래를 준비할 수 있는 성숙한 인품을 키우자.

그리고 현재를 지배하는 자가 미래를 지배할 수 있게 된다는 것을 새기며 진솔한 마음으로 어제를 돌아보며 주어진 오늘의 현재에 충실함으로써 오늘과 미지의 내일을 지배할 수 있고 예측이 가능해진다.

때문에 현재를 보면 미래를 알 수 있다고 하는 것이다.

현재의 환경과 시간을 다음으로 미루지 말고 편견 없이 주어진 것을 정의롭게 사고하며 선택하고 실천함으로써 소중한 현재의 가치는 더욱 높게 형성된다.

그리고 오늘의 현재에 충실함으로써 아직 오지 않은 내일을 준비하는 최상의 지혜가 익혀진다.

아직 오지 않은 미래는 인간이 예측할 수 있을 뿐이며 신만이 알 수 있는 미지의 영역이기 때문에 무슨 일이 발생하고 닥쳐올지 알 수가 없음으로 미래에 대한 걱정 때문에 안달하지 말고 신에게 맡기고 징비하는 마음으로 현재에 충실하라는 것은 행복한 인생을 위한 명령이다.

주어지는 것을 성실하게 실천하며 현재에 충실함으로써 원하는 것을 이룰 수 있고 더 좋은 현실과 미래의 환경이 형성된다.

언제나 정의롭고 가치 있는 현재의 생각이 가치 있는 현실을 만들고 추구하는 미래가 형성될 수 있다는 믿음으로 지금의 현재를 활용할 수 있는 강인한 마음의 역량을 키워야 한다.

발달된 현대 의학으로 사람을 복제할 수 있지만 죽은 생명은 되돌릴 수 없듯이 현재는 복제할 수 있어도 지나간 현재라는 시간은 다시 돌이킬 수 없는 것이다.

과거를 통찰하고 돌아보며 자신을 깨닫고 뉘우치는 마음으로 주어지는 지금의 현재에 충실함으로써 현재는 더욱 발전되고 미래의 예측은 가능해진다.

그럼으로 보이지 않는 미래를 걱정하거나 과거의 연민 때문에 현재의 환경과 시간을 희생시키는 잘못을 범하지 말고 주어진 현재에 충실하라는 것이다.

만사의 좋고 나쁜 것은 구분되지 않고 모든 것은 어제라는 과거에 묻히며, 과거를 추억하며 반성하고 경험함으로써 터득하는 소중한 앎은 오늘의 현재에 존재하고 있다.

이처럼 오늘의 현재는 과거를 회상하고 돌아보며 추억할 수 있는 환경과 시간이며 내일의 기대와 희망을 추리해 볼 수 있기 때문에 더욱 소중한 가치가 있다.

그리고 미래를 추리하며 기대해 볼 수 있고 과거와 미래를 함께 아우르며 원하는 것을 실천할 수 있는 환경과 시간인 오늘의 현재뿐이라는 소중함을 마음에 새기자.

어제와 내일이 지닌 의미와 이를 아우르는 소중한 오늘의 현재가 지닌 가치를 숙고해 본다.

어제라는 과거는 생각과 해석에 따라 의미가 바뀌고, 오늘의 현재는 결정과 실천하는 마음에 의해 변화되며, 내일인 미래는 오늘의 결심에 따라 바뀔 수 있는 미지의 환경이며 시간이다.

그리고 어제인 과거는 추억하고 돌아보며 좋고 나쁜 것을 회상하며 반성해 볼 수 있어 중요하고,

깨닫는 마음의 환희(歡喜)

오늘은 과거와 미래를 아우르며 무엇이든 할 수 있는 시간과 환경이기 때문에 더욱 소중하며,

아직 오지 않아 알 수 없는 내일은 기대하는 마음으로 희망하며 추리해 볼 수 있기 때문에 가치가 있다.

이러한 의미를 가지는 과거, 현재, 미래라는 언어가 풍기는 이미지를 숙고해 본다.

과거는 아무리 노력해도 바뀌지도 않고 바꿀 수도 없이 고착되어 있어 답답하고,

현재는 새롭고 동적이며 생동감이 넘치는 싱그러운 향기를 마음에 담아주어 소중하며 가치가 있고,

미래는 새롭게 맞이할 미지의 환경과 시간이고 희망과 꿈을 생각하며 여유로운 마음을 가질 수 있어 기대가 된다.

과거에 존재하고 있는 추억의 실체를 돌아보며 미래의 꿈과 희망을 함께 아우를 수 있는 소중한 현재라는 언어가 풍기는 이미지는 참으로 싱그럽고 생동감이 있다.

이처럼 소중한 현재의 환경과 시간을 유용하게 활용하기 위해 서 해야 할 것과 하지 말아야 하는 것을 숙고해 본다.

먼저 현재의 생각과 행동으로는 바뀌지도 않고 바꿀 수도 없는 과거의 연민에 집착하며 주어진 시간을 소비하는 미련한 마음을 깨끗하게 비우고 정리하는 것이 필요하다.

확실치 않는 미래를 걱정하며 안달하기보다는 주어진 현재에 충실하며 할 수 있는 것을 찾아 성실하게 실천하는 강인한 마음가짐이 필요하다.

현재의 환경과 시간은 과거를 아름답게 추억하고 돌아보며 반성하고

주어지는 것을 성실하게 실천하면서 미래의 꿈과 희망을 이루기 위한 시간과 환경이란 것을 마음에 새긴다.

순간의 즐거운 감정으로 주어지는 시간을 소비하는 것은 진정으로 현재를 아끼고 가치 있게 즐기는 마음가짐이 아니다.

현재를 진정으로 즐기기 위해서는 지금(시간) 내가 존재하고 있는 환경에서 자신의 몸과 마음을 집중하고 최선을 다하며 주어진 환경을 포용하며 감사하는 마음으로 충실하게 실천하는 것이 진정으로 현재의 시간을 아끼고 즐기는 것이다.

현재의 중요성과 소중함을 진솔하게 이해하며 깨닫고 뉘우치는 마음의 차이에 따라 달라지며 만들어지는 현상을 살펴본다.

자연의 공기처럼 언제 어디서나 주어지는 현재라는 시간과 환경을 특별하게 생각지 않고 평범하게 생각하는 것이 보편적인 현상이다.

활용하지 않는 현재의 시간과 환경은 다시 되돌릴 수 없는 소중함을 마음에 새김으로써 현재를 활용하는 생각과 마음가짐은 많이 달라질 것이다.

현재라는 시간과 환경을 얼마만큼 충실하게 활용하였느냐에 의해 당신의 과거와 현실의 환경이 만들어진다.

한순간도 머무르지 않고 고장도 없이 빠르게 지나가는 것이 현재의 시간과 환경이며 세월이라는 것을 긍정적인 사고로 숙고하며 현재의 시간과 환경을 유용하게 활용함으로써 만들어지는 현상을 짚어 본다.

주어지는 현재의 시간을 미루지 않고 소중하게 활용함으로써 바람은 현실로 변화될 수 있다.

무엇인가를 성취하기 위해서는 원하고 있는 것을 확신과 열정으로 끊

깨닫는 마음의 환희(歡喜)

임없이 추구하며 현재의 시간과 환경을 미루지 않고 충실하게 활용함으로써 원하는 결과가 만들어진다.

지금의 현재를 활용하지 않고 미룬다면 주어지는 기회는 없어지며 과거로 매몰된 시간으로는 아무것도 할 수가 없게 된다.

하지만 과거를 추억하고 옳고 그름을 돌아보며 반성한다는 것은 성숙한 인품을 키우는 데 대단히 중요한 역할을 한다.

마음이 즐겁고 기쁘든, 슬프고 힘들든, 과거는 후회하지 말고 반성하며 추억하는 것으로 끝을 맺고 주어지는 현재의 시간과 환경을 충실하게 활용함으로써 추구하는 것이 이루어진다.

현재의 소중함을 깨닫고 뉘우치는 진솔한 마음에 만들어지는 과거와 현재와 미래의 환경을 추리해 본다.

과거는 지난 것을 회상하며 추억하고 아름답고 가치 있게 반성하며 자신을 돌아보는 것이며,

현재는 과거를 추억하며 현실을 위해 참고하고 미래를 계획하며 원하는 것을 실효성 있게 실천할 수 있는 환경이며 시간이고,

미래는 기대하는 아름다운 꿈과 희망이 잠재하고 있는 미지의 시간이다.

그리고 잠에서 깨어나 날이 밝으면 상쾌한 새날의 아침인 오늘이라는 현재의 환경을 맞이하게 되는 것이 시간의 섭리이다.

오늘에 주어지는 새날의 아침은 하루의 일을 생각하며 맞이하는 첫 환경이며 주어지는 시간이다.

그럼으로 언제나 새날을 여는 아침은 하루의 기대와 희망을 가지고 활기 있게 출발하는 현재의 시간과 환경이 되어야 한다.

그리고 무엇이든 할 수 있는 소중한 오늘의 현재에 주어지는 기회이기

때문에 원하는 것을 선택하고 열정적으로 실천할 수 있는 마음가짐이 중요하다.

긍정적인 사고로 배우고 경험하며 익힌 앎으로 소양과 성숙한 인품을 키우며 성실하게 실천함으로써 원하는 결과를 성취할 수 있는 것도 현재의 시간과 환경을 미루지 않고 유익하게 활용할 때 가능해진다.

이처럼 주어지는 현재의 시간과 환경이 소중하고 중요하다는 것은 잘 알고 있으나 현재의 소중함을 진솔하게 깨닫고 뉘우치며 효과 있게 활용하고 실천하는 것이 부족하여 뜻을 이루지 못하는 경우가 많다는 현실이 아쉽다.

"오늘 배우지 않고 내일이 있다고 말하지 말며, 올해 배우지 않고 내년이 있다고 말하지 말라, 해와 달은 가고 세월은 사람을 기다려 주지 않는다. (주자, 1130-1200, 중국 남송시대의 학자)"라고 하였다.

현재라는 환경과 시간의 소중한 가치와 중요성에 대한 것을 일깨워 주는 가르침이다.

살아온 삶은 지금까지도 중요하고 소중했지만 지금(현재)부터가 더 중요하고 소중하다는 것을 마음 깊이 새긴다.

지금까지 현재의 소중함에 대한 인식이 부족했다면 지금부터라도 현재에 대한 소중함을 깨닫고 뉘우치며 오늘 할 수 있는 것을 내일로 미루지 말고 주어진 오늘의 현재에 충실하자.

현재할 수 있는 것을 다음으로 미루지 않고 실천하는 습관을 만드는 것은 현재를 가장 가치 있고 유익하게 활용하는 방법이며 현재의 소중함을 깨닫는 진솔한 마음이다.

늘 접하고 살아가는 공기의 소중함과 고마움을 잊어버리기 쉽듯이 오

깨닫는 마음의 환희(歡喜)

늘도 내일도 언제나 내 곁에 접하고 있는 현재의 시간과 환경이기 때문에 소중함을 잊어버리기 쉽다.

그러나 공기처럼 항상 곁에 존재하고 있는 것이 현재의 시간이고 환경이지만 똑같은 현재가 아니라는 것을 스스로 깨닫고 활용하는 마음가짐이 중요하다.

그리고 촌음을 아끼는 것을 지속적으로 실천함으로써 현재를 소중하게 생각하며 실천하는 강인한 정신이 마음에 각인된다.

지금 주어지는 현재의 시간을 유익하게 활용하지 않는다면 아무런 의미 없이 과거에 묻힌다는 것을 모르는 사람은 없다.

현재가 아우르고 있는 시간과 환경은 멈춤 없이 지나가며 생각에 따라 수없이 반복적으로 당신의 곁에 함께하고 있다는 것도 잘 알고 있다.

접하고 있는 현재를 놓치지 않고 유익하게 활용해야 하는 것은 행복하고 가치 있는 삶을 위한 엄중한 명령이라는 것을 새롭게 마음에 새길 때 현재는 더욱 소중하고 가치가 있다.

삶의 엄중한 명령을 이행하든 하지 않던 관계없이 현재가 아우르고 있는 시간과 환경은 기다려 주지 않고 속절없이 지나가는 것이 시간의 섭리이다.

일상을 살아가며 지나가는 시간을 "아직"과 "벌써"라는 언어의 이미지로 심적으로라도 잡을 수 있는 방법을 선택하는 것이 현재를 유용하게 활용하는 마음 다스림의 지혜가 될 것이다.

생각과 선택은 당신의 몫이며 이와 같은 방법을 활용하기 위해 앎과 경험으로 인격을 수양하고 인품을 키우며 시간의 소중함을 깨닫고 실천하는 성숙한 마음가짐이 필요하다.

현재의 중요성을 익히기 위해 현자와 선각자에 의해 전해지는 교훈으로 자신의 마음을 자극하며 깨닫는 기회를 가져 본다.

당신에게 주어지는 시간은 기다려 주지 않으며 지나간 시간은 돌이킬 수 없는 것이 현재의 시간이며 환경이다,

촌음을 아끼자, 시간은 금이다. 시간을 자신의 의지대로 활용하는 자만이 성공할 수 있다. 등등은 간단한 표현이지만 시간의 소중함에 대한 깊은 의미가 함축되어 있다.

이처럼 되돌릴 수 없고 멈출 수 없는 것이 시간임으로 시간을 아끼는 것은 가치 있는 삶을 위한 근원이다.

현재의 시간은 유용하게 활용하는 만큼의 결과가 만들어지고 가치 있는 인생을 개척하며 보듬고 뒷받침해 주는 소중한 무형의 재산이다.

시간에 대한 중요성과 소중함을 마음에 새기고 좋은 글의 의미를 배우고 익히며 지성을 키우고 유익하게 활용하는 습관을 만드는 것은 현재의 시간과 환경을 가장 소중하게 사고하며 아끼는 마음이다.

잡을 수 없고 멈추지 않는 것이 현재의 시간이라는 것을 알면서도 그냥저냥 주어진 현재를 무의미하게 보내는 것은 주어진 시간을 쓸데없이 낭비하며 버리는 것과 다름없다.

새로 맞이하는 하루하루의 아침이 당신 곁을 찾아올 때는 밝고 찬란한 빛과 따사로운 햇살을 가득 안고 변함없이 찾아와 현재라는 시간과 환경을 당신에게 선물한다.

매일 아침 새롭게 주어지는 오늘의 현재는 원하는 것을 성취하는 데 활용하라는 삶의 명령이며 만물의 영장인 인간에게 주는 신의 선물이라는 것을 마음에 새긴다.

깨닫는 마음의 환희(歡喜)

주어지는 현재의 시간은 한순간도 멈춤이 없다는 것을 숙고하며 마음에 수용함으로써 현재의 시간과 환경을 충실하고 유익하게 활용하는 사람으로 변화될 수 있다.

현재의 소중함을 깨닫고 뉘우치며 어려운 역경과 고통을 참고 견디는 만큼의 강인한 심신의 인품이 수련되고 단련되며 마음이 성숙해진다.

역경과 고통을 극복하며 주어지는 현재의 시간과 환경을 미루지 않고 유용하게 활용하며 실천하는 대가는 있으나 공짜는 없다.

경상남도 합천에 소재하고 있는 해인사의 팔만대장경이 보관되어 있는 장경판전주련에 있는 좋은 글을 인용해 본다.

해인사 장경관전 기둥의 한편에 새겨진 "원각 도량하처(圓覺度量何處)의 의미인 깨닫는 도량이 있는 행복한 세상은 어디인가?"라는 물음에 대한 답이 바로 맞은편 기둥에 "현금생사즉시(現今生死卽時)라는 의미인 생사가 있는 곳은 바로 지금 현재 당신이 발을 딛고 있는 곳이다."라고 새겨져 있다.

현재에 충실하고 성실하라는 가르침이며 소중한 교훈이다.

"짧은 인생은 시간의 낭비에 의해 더욱 짧아진다."(사무엘 존슨)라는 명언을 새기고 시간과 세월은 더하기를 할수록 인생이 짧아지는 것은 막을 수가 없다는 것을 숙고해 본다.

배우고 익힌 앎으로 교양을 쌓고 현재에 대한 소중함을 익히는 지성과 성숙한 인품을 키우며,

현재의 소중함을 진솔하게 깨닫고 실천하는 사람이 현실과 미래를 지배할 수 있다는 것을 마음 깊이 새긴다.

현재의 소중함을 깨닫고 뉘우치는 긍정적인 사고와 강인한 마음에 잠

재하고 있는 역량과 열정으로 역경을 극복하며 주어지는 현재의 소중한 환경과 시간을 미루지 않고 활용하며 성실하게 실천함으로써 추구하는 행복한 현재와 미래의 꿈과 희망은 성취된다는 믿음과 확신을 가진다.

깨닫는 마음의 환희(歡喜)

6.

말(言)의 속성(屬性)과
역량(力量)

보고 듣고 느끼며 생각한 것과 배우며 익힌 앎을 의사전달을 위해 음성으로 표현한 것이 말(言)이다.

말(言)은 생각을 겉으로 표현하며 의사전달을 위한 삶의 도구로써 인간의 활동에 미치는 영향은 그 무엇보다 크고 소중하기 때문에 말의 소중함과 중요성은 아무리 강조해도 부족하다.

생각을 담는 그릇이 마음이며, 생각을 의사전달을 위해 겉으로 표현하는 것이 말이다.

그럼으로 말은 생각을 겉으로 표현하기 전에 마음에 잉태된다.

이처럼 마음에 잉태된 것이 목청의 울림소리와 몸짓과 손짓을 통하여 겉으로 표현함으로써 말이 탄생되고 말로서의 기능과 역할을 하게 된다.

생각을 음성을 통하여 겉으로 표현한 말은 사람의 인품과 심신의 상태를 비춰 볼 수 있는 거울이다.

그리고 세상에 탄생된 말은 허공에 흩어지며 사람의 귀에서 소리로서의 생을 마친다.

그러나 전달되는 말의 의미가 감당하고 있는 역할과 기능은 계속진행되며 말의 의미에 대한 결과를 창조하는 속성과 역량이 말속에 잠재되어 있다.

말에 담겨 있는 의미는 머리에 기억되고 마음에 새겨지는 정도의 차이에 따라 쉽게 잊혀질 수도 있고 오랫동안 기억되며 마음에 각인될 수 있는 것이 말이다.

그리고 말의 의미대로 심신을 움직이는 속성과 역량이 말속에 잠재되어 있다.

이처럼 말속에 잠재되어 있는 말의 속성과 역량을 살펴본다.

깨닫는 마음의 환희(歡喜)

생각을 표현한 말의 의미를 머리에 간직하는 기억력,

말의 의미를 마음에 새기는 각인력,

머리와 마음에 기억되고 각인된 말의 의미를 필요에 따라 다시 마음으로 불러내는 견인력,

말의 의미대로 몸과 마음을 움직이는 생명력,

말의 의미대로 행동하고 이행하는 실천력,

말한 대로 이루어지게 하는 성취력 등과 같은 소중한 속성과 역량이 말 속에 잠재되어 있다.

이처럼 소중한 말의 속성과 역량에 의해 심신에 작용하는 현상을 살펴본다.

생각을 표현하는 말은 머리에 기억되고, 각인된 것을 필요에 따라 마음으로 견인하여 마음에 담고 숙고하며, 말의 의미대로 심신을 움직이게 하는 생명력과 말의 의미대로 행동하며 이행하는 실천력이 말속에 잠재되어 있다.

그리고 말의 의미대로 이루어지게 하는 성취력에 의해 말한 대로 실현되는 위대한 속성과 역량을 지니고 있다.

사람이 일상을 통하여 표현하는 말의 의미는 그것이 좋고 나쁜 것을 가리지 않고 말의 의미가 가감 없이 전달되며 오랫동안 기억될 수도 있고 쉽게 잊혀질 수도 있다.

의사소통을 위한 소중한 도구인 말의 형태와 말에 의해 만들어지는 현상을 숙고하며 말이 전해지는 형태를 음성으로 전달되는 것과 무언으로 전달되는 형태로 구분해 본다.

무언으로 전달하는 말의 형태는 표정과 몸짓과 손짓으로 하는 경우가

있다.

표정과 몸짓으로 하는 것이지만 때로는 의사소통의 의미가 음성으로 하는 것보다 더 진지하고 효과 있게 전달될 수도 있다.

때문에 의사전달을 위한 무언의 표정과 몸짓과 손짓은 때에 따라 의사소통 방법으로써 음성을 대신하는 최상의 표현이 되기도 한다.

기억을 더듬어 보면 당신도 일상을 통하여 말의 의미를 표정과 몸짓으로 전해 본 경험이 있을 것이다.

전해지는 의사소통의 메시지가 음성이 되었든 무언이 되었든 상대에게 전달되는 말의 속성과 역량을 생각해 볼 때 말은 세상에서 가장 존귀한 의사소통의 소중한 도구임이 틀림없다.

그리고 머리에 기억된 말의 의미를 마음으로 이끌어 내는 견인력의 역량은 정확하고 강하다.

말의 의미를 실천하고 이행하는 속성과 역량은 사람이 활동하며 일상을 이끌어 가는 데 가장 소중한 역할을 한다.

말은 볼 수도 만질 수도 없는 무형이지만 소통하는 말의 의미에 따라 사람을 움직이고 말의 의미대로 행동하고 실천하며 말의 뜻대로 결과가 만들어지게 된다.

이러한 속성과 역량을 지니고 있는 말의 수준은 배우고 익힌 앎과 지성의 영역이며 표현방법은 성숙한 인품의 영역이다.

사람이 숨을 쉬고 걷고 움직이며 활동하는 것만큼이나 소중하고 필요하며 많이 사용하는 것이 말이다.

말의 속성과 역량에 의해 심신을 움직이며 만들어지는 현상과 심신에 미치는 영향을 숙고해 본다.

깨닫는 마음의 환희(歡喜)

말은 의사소통을 위한 무형의 삶의 필수 도구이며 일상을 조화롭게 아우르는 소중한 역량이 있다.

경우에 따라서는 표현하는 말의 의미에 따라 원하는 것을 성취할 수 있는 열쇠가 되기도 하고 실패를 만드는 원인이 되기도 하는 것이 말의 소중한 역량이다.

이처럼 마음에 가지고 있는 생각과 감정을 표현하며 주어진 일에 대한 성패를 가늠하는 역량이 말속에 잠재되어 있다.

때문에 말의 의미와 표현하는 방법에 의해 즐거움과 희망이 될 수도 있고 슬픔과 절망이 될 수도 있는 것이 말의 역량이다.

그럼으로 말은 상대가 듣기 좋고 이해하기 쉽게 진지하면서도 친절하며 정확한 의사소통이 될 수 있도록 표현해야 한다.

말의 수준과 표현방법에 의해 만들어지는 현상과 미치는 영향을 살펴본다.

먼저 의사소통을 위해 말을 표현하는 방법을 분별해 보면, 친절한가, 불친절한가, 진지한가, 작고 조용한가, 크고 시끄러운가, 겸손한가, 교만한가 등등처럼 말을 표현하는 사람의 마음가짐과 인품에 따라 표현하는 방법이 다양하다.

그리고 말을 표현하는 수준도 미숙한가, 노련한가, 품위가 있는가, 없는가 등등 다양하다.

같은 의미를 가진 것이지만 표현하는 말의 방법과 수준에 따라 듣는 사람을 편하게 만들어 줄 수도 있고 불편하게 만들어 줄 수도 있는 것이 말이다.

말은 사람의 마음을 즐겁게 할 수도 있고, 화나게 만들 수 있는 역량이 말속에 잠재되어 있다.

말의 수준과 표현방법에 의해 상대에게 미치는 영향은 희망이 될 수도 있고 절망이 될 수도 있으며 쓸모없는 잔소리가 될 수 있는 것이 말의 소중한 역량이다.

때문에 표현하는 말의 수준과 방법에 따라 얽히고설킨 문제들을 해결하는 효과와 상대에게 미치는 영향은 많이 달라진다.

그럼으로 말은 진솔한 마음으로 겸손하고 친절하며 세련되게 표현하는 것이 최상의 수준이며 좋은 방법이다.

보고 싶은 꽃을 보기 위해서는 먼저 보고 싶은 꽃씨를 심어야 원하는 꽃을 피울 수 있고 바라는 열매를 맺을 수 있는 것이 자연의 순리이다.

이처럼 말도 의미 있는 좋은 생각의 씨가 마음의 밭에 심어짐으로써 말의 속성과 역량에 의해 좋은 의미의 말로 표현되며 좋은 결과가 만들어지는 것이 순리이다.

곱고 좋은 의미로 수준 있게 말을 표현함으로써 좋은 사람으로 인정받게 되며, 아름답고 고운 표현을 하는 습관을 가지면 마음이 곱고 착한 사람으로 변화된다.

긍정적인 사고로 진술하고 친절하게 의미 있고 좋은 말을 하는 사람에게는 기회와 희망이 따르지만 거칠고 부정적인 말을 하는 사람에게는 실망과 실패가 따르게 되는 것이 말의 역량이다.

의미 있고 수준 있는 말을 바르고 좋게 하기 위해서는 말로 표현하기 전에 먼저 겸손한 마음으로 깊이 생각하고 신중하게 판단하며 부드럽고 친절하게 표현해야 한다.

의사전달을 위해 생각과 앎을 겉으로 표현하는 말은 사람의 인격과 인

깨닫는 마음의 환희(歡喜)

품에 따라 많이 다르며 여러 가지 형태로 구분된다.

첫 번째의 형태는 말을 하기 전에 먼저 생각하고 난 후에 말을 조리 있게 하는 것이다.

이런 사람의 말은 표현 방법이 조리가 있고 논리적이며 진지하고 신중하다.

그리고 말속에 넓고 깊은 의미가 담겨 있으며 듣기가 좋고 흥미가 있어 자연스럽게 상대의 말을 경청하게 된다.

말은 경청함으로써 말하는 사람의 진솔한 마음의 소리까지 들을 수 있게 된다.

두 번째 형태는 말을 하면서 동시에 생각하는 사람이다.

이런 경우는 말의 내용이 논리 정연하지 못하고 말의 중심이 흔들리기 쉽다.

때문에 말의 의미를 이해하기가 어렵고 힘들며 듣기가 거북스럽고 지루하며 혼란스럽다.

세 번째의 형태는 말을 하고 난 후에 생각하는 사람이다.

이러한 부류의 사람은 말의 중심이 흔들리며 하지 말아야 할 말을 표현하고 후회하는 경우가 많이 발생한다.

모래 위에 엎질러진 물을 다시 담을 수 없듯이 한 번 표현한 것은 다시 돌이킬 수 없는 것이 말이다.

말이 지니고 있는 속성과 역량을 마음에 새기며 진솔하게 깨닫는 기회를 가짐으로써 세련되고 성숙하게 말을 표현하는 역량이 키워진다.

잘못 표현한 말을 깨닫고 뉘우친다는 것은 진정으로 발전하는 자세이고 기회이며 인격이 수양되고 인품이 성숙해지는 아름다운 모습이다.

네 번째는 말을 함부로 표현하고도 자신이 한 말에 대하여 돌이켜봄이 없이 별다른 생각을 하지 않는 사람이 있다.

이런 사람의 경우는 진정한 의사소통을 위해 바람직하지 못할 뿐만 아니라 듣는 사람에게는 듣기거북한 잔소리와 시끄러운 소음으로 들릴 수 있으며 대화의 참된 의미를 찾기 어렵다.

이와 같은 네 가지의 형태 중 당신은 어디에 해당된다고 생각이 되십니까!

말을 표현하는 형태는 의식적이든 무의식적이든 네 가지를 경험해 볼 수 있고 앞으로 그렇게 하는 경우가 발생할 수 있다.

의사소통을 위해 표현방법과 말의 수준이 어떠한가를 돌아보며 숙고하는 기회를 가지는 것은 성숙한 인품을 키우는 지혜이다.

어떤 자세가 가장 바람직한 것인가 하는 선택은 당신의 인격과 인품으로 판단할 수 있으며 만들어지는 모든 결과도 자신의 책임이며 감당해야 하는 몫이다.

지금부터라도 어느 것이 가장 옳은 것인가를 깨닫고 뉘우치며 겸손한 마음으로 세련되고 부드럽게 표현을 할 수 있도록 배우고 익히며 성숙한 인품을 키우자.

완벽하지 못한 것이 인간이지만 말은 표현하는 사람의 인격이고 인품의 수준이라는 것을 명심해야 한다.

교만하지 않고 겸손한 마음으로 늘 배우고 익히는 자세로 자신을 돌아보며 지금까지 부족했다면 지금부터라도 신중하게 생각하고 행동하며 아름답고 친절하게 표현하는 인품을 키우는 것이 우선 되어야 할 덕목이다.

삼사일언(三思一言)의 의미를 마음에 새기고 이행하는 습관으로 부드럽고 친절하게 표현하며 자신의 인격을 수양하고 성숙한 인품을 키우는

　　　　　　　　　　　　　　　　　　깨닫는 마음의 환희(歡喜)

마음을 다스려 본다.

말을 할 때는 언제나 겸손하고 친절한 마음으로 세련되게 표현함으로써 인격이 수양되며 자연스럽게 성숙한 인품이 키워지며 지혜를 익히는 기회가 된다.

학자들의 말에 의하면 자신이 한 말의 95%가 스스로에게 작용을 하며 심신에 대단히 큰 영향을 미친다고 한다.

말은 평상시에 마음에 가지고 있는 것에 대한 생각과 감정을 표현하는 것임으로 말의 의미에 따라 뇌세포를 자극하고 변화시키며 심신을 움직이게 한다.

때문에 의미 있고 곱고 좋은 말 한마디가 자신뿐만 아니라 주위의 다른 사람에게도 좋은 영향을 미치게 되는 것이 말의 속성이며 역량이다.

말의 의미가 정의롭고 좋은 말을 적재적소에 사용함으로써 실망하며 좌절하고 있는 사람에게는 희망과 용기가 되고 슬픔에 빠져 있는 사람에게는 즐거움을 주는 것이 말의 역량에 의해 만들어지는 현상이다.

그럼으로 어둡고 우울한 마음을 밝게 변화시키기 위해 온화하고 친절하며 따사롭고 수준 높게 표현할 수 있는 심신의 역량을 키우고 익혀야 한다.

가뭄에 시달리는 풀잎이 아침의 작은 이슬을 머금고 생기를 되찾아 살아나듯이 부드럽고 의미 있는 성숙한 말을 통하여 메마른 마음을 촉촉하게 적셔 주고 보듬어 줄 수 있다면 누구나 가슴 벅차도록 고맙고 감사한 것은 인지상정이다.

좋은 생각과 친절한 마음으로 상대에게 덕스럽고 의미 있는 말을 전할 수 있는 인격의 바탕은 늘 배우며 익힌 지성과 성숙한 인품에 의해 만들어진다.

잔잔한 호수에 조약돌을 던지면 물의 파장이 일어나듯이 자신이 한말에 의해 자신의 뇌세포가 자극되고 변화하며 말의 의미에 따라 마음에 말의 의미가 지니는 파장이 일어나게 된다.

때문에 자신이 한 말의 의미가 곱고 좋은 말이면 곱고 좋은 말의 파장이 마음에 일어날 것이며 자신이 한 말의 의미가 좋지 않고 거칠다면 좋지 않고 거친 말의 파장이 마음에 일어나게 되는 것이 이치이다.

의미 있고 곱고 좋은 말의 파장은 즐거운 감정과 행동으로 연결되지만, 그렇지 못한 경우는 반대의 현상이 일어나는 것 또한 당연한 이치이며 순리이다.

그럼으로 언제나 성숙한 인품으로 겸손하게 의미 있는 좋은 말을 표현하기 위해서 먼저 생각하고 후에 말하는 습관을 만들어야 한다.

상호 소통하며 주고받는 말은 언제나 부드럽고 친절하며 곱고 겸손하게 의미 있는 표현을 하는 것이 최상의 의사소통을 위한 바로미터라는 것을 마음 깊이 새긴다.

말의 속성과 역량에 의해 심신이 동화되며 변화되는 현상에 대해 숙고해 본다.

자신의 얼인 생각을 겉으로 표현한 것이 말이며 마음이다.

미국의 철학자이자 심리학자인 윌리암 제임스(William James)가 말한 "생각이 바뀌면 습관이 바뀌고, 습관이 바뀌면 행동이 바뀌고, 행동이 바뀌면 성격이 바뀌고, 성격이 바뀌면 인격이 바뀌고, 인격이 바뀌면 운명이 바뀐다."라는 의미를 마음에 수용하며 깊이 새긴다.

이처럼 생각, 습관, 행동, 성격, 인격, 운명의 상관관계가 형성되며 자신

깨닫는 마음의 환희(歡喜)

의 얼인 생각을 표현하는 말의 뜻대로 심신이 이끌리고 움직이며 말의 의미대로 실천하게 된다.

그리고 말이 씨가 되고 말의 속성과 역량에 의해 말한 대로 이루어지게 된다.

무지하게 함부로 한 말 한마디가 서로에게 신뢰를 무너뜨리고 무례한 말 한마디가 증오와 다툼의 원인이 된다.

부정적인 말은 불안과 실망을 부르고 긍정적인 말은 희망과 복이 따르며 근거 없는 말을 퍼트리면 자신을 괴롭히는 재앙을 불러들이는 근원이 된다.

평범한 말이지만 표현하는 말의 의미에 따라 사람에게 미치는 영향과 말의 역량에 의해 만들어지는 결과는 대단히 크다.

그럼으로 말은 언제나 환경에 맞고 부드럽고 고운 음성으로 겸손하고 친절하게 표현해야 한다.

아무리 좋은 말도 상대가 접해 있는 환경을 모르고 한다면 오히려 말로 인해 지우기 힘든 아픈 상처를 상대의 마음에 남기게 되는 경우도 발생한다.

말로 인한 마음의 상처는 칼에 의한 상처의 깊이보다 깊고 아프며 치료하기가 어렵다.

선사후언(先思後言)의 의미를 새기며 말을 신중하게 하는 것이 최선책이라는 것을 깨닫고 뉘우치며 가슴에 깊이 간직한다.

말은 조심하고 신중하며 겸손하고 친절하게 표현하는 것이 자신의 인품과 위상을 스스로 관리하며 성숙하게 만드는 것이다.

그리고 자신의 지성과 인품이 성숙되며 위상이 높아지고 표현의 질과 수준이 향상된다.

성숙한 인격과 인품으로 적재적소에 긍정적이고 의미 있는 말을 친절하게 표현함으로써 상대에게 마음의 부담을 덜어 주며 절망을 희망으로 슬픔을 즐거움으로 변화시킬 수 있다.

그러나 때에 맞지 않고 좋지 못한 거칠고 경솔한 말 한마디가 듣는 사람의 마음을 절망과 곤경에 빠뜨리며 치유받기 힘든 마음의 상처를 만든다는 것을 명심해야 한다.

곱고 즐거운 말 한마디가 일상의 활동을 즐겁고 활기 있게 만들며 칭찬의 말 한마디가 용기를 만들고 우울한 마음을 밝고 즐겁게 만들어 주는 동력의 근원이다.

말의 속성과 역량은 창조력도 있지만 파괴력을 겸비하고 있다는 것을 직시해야 한다.

가치 있고 풍요롭고 행복한 삶을 위해 말의 속성과 역량을 아우르며 마음에 새기고 언제나 의미 있고 좋은 표현을 아름답고 친절하게 함으로써 삶의 현실과 만들어지는 환경은 더욱 발전되고 행복하게 형성되는 것이 이치이다.

학설에 의하면 사람이 태어나서 죽을 때까지 500만 마디의 말을 한다고 한다.

사람은 참으로 많은 말을 하며 살아가는 만물의 영장이다.

의사소통을 하는 데 최상의 삶의 도구인 말도 원석을 다듬고 갈고 닦아 보석을 만들 듯이 의미 있는 말을 잘 표현하기 위해서는 부드럽고 친절하며 겸손하고 성숙한 표현을 할 수 있도록 생각과 표현방법을 곱고 부드럽게 다듬어야 한다.

깨닫는 마음의 환희(歡喜)

표현하고 싶은 언어의 선택과 말하는 음성을 다듬으며 마음을 부드럽게 보듬으면 말은 자연스럽게 친절하고 세련되며 보석처럼 예쁘고 곱게 표현된다.

곱고 친절한 말은 상대의 닫힌 마음을 열게 하는 역량이 있기 때문에 겸손하고 친절하며 세련되게 의미 있는 표현을 함으로써 상대의 닫혀 있는 마음의 문을 자연스럽게 열 수 있으며 상대의 진솔한 마음의 소리까지 들을 수 있다.

이처럼 위대한 말의 속성과 역량으로 겸손하고 친절하게 생각을 다듬으며 말의 의미를 세련되고 아름답게 표현함으로써 만들어지는 말의 결과는 더욱 가치 있게 형성되며 보석처럼 빛난다.

6-1. 말의 신비(神秘)한 능력(能力)

일상을 통하여 생각을 겉으로 표현하는 말은 의사소통의 으뜸이 되는 도구로서 신비한 능력을 지니고 있다.

뿐만 아니라 사람의 생각과 마음을 자연스럽게 표현하고 전달하면서도 말하는 사람의 수양된 인격과 성숙한 인품을 나타내는 표상이다.

사람의 얼인 생각과 배우고 익힌 앎은 성숙한 인품을 만드는 바로미터이며 표현하는 말은 그 사람의 인품과 다양한 면을 간접적으로 나타내게 된다.

때문에 말은 표현하는 사람의 인격이며 인품이라 해도 부족함이 없다.

그리고 생각을 표현한 말에도 아름답고 예쁜 꽃처럼 표현하는 방법과 말이 지니고 있는 수준과 의미에 따라 말의 향기와 색깔이 가늠된다.

말의 속성과 역량에 의해 심신을 움직이며 말에 담긴 의미의 실체를 실천함으로써 말한 대로 이루어지게 하는 능력이 말속에 잠재되어 있다,

의사소통을 위해 평범하게 사용하는 것이 말이지만 말은 사람의 의 생각이며 얼이며, 말의 의미대로 몸과 마음을 움직이며 생각한 것을 실천함으로써 말한 대로 이루어지는 신비한 능력이 있다.

그러나 말의 의미를 얼마만큼 진솔하게 이해하고 성실하게 실천하느냐에 따라 말의 의미대로 이루어지는 결과와 형성되는 가치는 많이 달라진다.

그럼으로 긍정적인 사고로 좋은 생각을 말로 표현함으로써 좋은 결과와 가치가 형성되며 부정적인 사고로 좋지 못한 생각을 말로 표현함으로써 좋지 못한 결과와 가치가 형성되는 것이 이치이며 순리이다.

깨닫는 마음의 환희(歡喜)

이와 같은 것을 알면서도 함부로 말을 한다는 것은 자신의 인격과 인품을 최악의 상태로 만드는 행위이다.

사람은 누구나 자신이 하는 말에 의해 주위로부터 자신이 평가받게 된다는 것을 마음 깊이 새겨야 한다.

말의 의미와 표현하는 방법에 따라 형성되는 현상과 미치는 영향을 살펴본다.

말의 신비한 능력에 의해 의미 있고 친절하게 표현한 말 한마디가 사람의 생명을 살리기도 하고 때에 맞는 말 한마디로 천량 빚을 갚을 수 있는 역량이 말속에 잠재하고 있다.

낮말은 새가 듣고 밤 말은 쥐가 듣는다는 속담을 숙고하며 말은 신중하고 조심해야 하고 긍정적이고 의미 있고 좋은 말을 겸손하고 부드럽게 표현함으로써 말의 신비한 능력에 의해 말의 의미대로 결과가 만들어진다.

말의 신비한 능력에 의해 말의 의미대로 심신을 움직이며 행동하고 실천하게 됨으로써 말한 대로 이루어진다.

그리고 생각을 표현한 것이 말이 되기 때문에 말과 행동이 일치함으로써 말의 가치는 더욱 소중하게 형성된다.

생각을 표현하는 말은 인격이고 인품이며 언행일치(言行一致)가 될 때만이 말의 가치가 소중하게 형성될 뿐만 아니라 주위로부터 인정받고 존경받는 성숙한 인품의 소유자가 된다.

언행일치가 되지 않으면 신뢰를 잃게 될 뿐만 아니라 자신의 인격과 인품을 더럽히게 되는 원인이 된다.

때문에 의사소통을 위한 소중한 말은 긍정적이며 부드럽고 친절하게 표현하고 말과 생각과 행동이 일치하는 것이 바탕이 되어야 주위로부터 신뢰받으며 인정받고 존경받을 수 있다.

사람의 바람은 누구나 주위로부터 신뢰받고 인정받으며 존경받는 것이 인생 여정의 큰 보람이기도하다.

같은 말을 자주 표현한다는 것은 같은 생각을 자주 하고 있다는 것과 같다.

그리고 같은 생각을 자주함으로써 같은 말을 자주 하게 되고 같은 표현과 행동을 자주 하게 됨으로써 자연스럽게 만들어지는 것이 사람의 습관이다.

대뇌 학자의 학설에 의하면 사람의 뇌세포는 자신이 표현한 말의 지배를 받고 있기 때문에 말의 뜻대로 심신이 움직이게 된다고 한다.

이러한 의학적인 논리의 근거에 의해 심신이 말에 의해 지배되는 현상을 숙고해 본다.

생각을 겉으로 표현하는 말의 의미가 머리와 마음에 기억되고 각인된 것을 뇌의 명령으로 척추의 움직임을 지배하며 척추는 심신의 움직임을 지배하게 된다.

그럼으로 표현하는 말의 의미에 의해 몸과 마음의 움직임을 지배하게 되는 것이다.

그리고 의사전달을 위한 생각을 겉으로 표현한 말의 신비한 능력에 의해 결과가 형성되는 과정은 말의 의미에 따라 심신을 움직이며 행동하고 말에 담긴 의미의 실체를 실천함으로써 말의 의미가 이루어지게 되는 것이다.

사람은 타고난 천성과 후천성이 조화롭게 변화되며 새롭게 형성되는 제2의 천성과 성격이 만들어진다.

제2의 천성은 현실과 미래를 이끌어 가는 생각의 모체이고 자신의 인생 여정을 만들어 가는 데 중대한 영향을 미치게 된다.

생각에 의해 말이 되고, 말의 뜻대로 실천하며, 습관과 제2의 천성에 의해 만들어진 결과를 누리고 있는 환경이 현재이며 진행되고 있는 삶이 인생 여정인 셈이다.

때문에 성격과 습관이 사람의 운명을 결정하게 된다는 것이다.

현재를 보면 미래를 알 수 있다고 하듯이 현재의 접하고 있는 환경은 미래를 추리해 볼 수 있는 데이터이다.

진정으로 이러한 것을 이해하고 진솔하게 깨닫는 올바른 앎과 긍정적인 생각을 가진다면 말을 함부로 할 수 없을 것이다.

습관처럼 좋은 말을 하는 것이 마음의 씨가 되고 긍정적으로 사고하는 좋은 생각과 성숙한 마음에 의해 좋은 말을 표현할 수 있는 환경이 만들어지는 것이 이치이다.

성숙한 인품을 키우며 말한 대로 이루어지는 이치를 마음에 새기며 의미 있고 좋은 표현을 하는 습관의 소중함을 새긴다.

인간세계에서 생각하지 않은 것이 말이 될 수 없고, 말하지 않는 것이 행동과 실천으로 옮겨질 수 없는 것이 이치이다.

그리고 실천 없이 원하는 것이 성취되는 것은 존재하지 않는 것이 순리이다.

어떻게 생각 없이 말로 표현하고 행동하며 실천할 수 있겠는가!

그리고 실천 없이 바라는 것이 이루어질 수 있겠는가!

이러한 이치와 순리를 숙고해 보시라!

진솔한 마음과 쌓아온 지성을 깨닫고 숙고하며 긍정적인 생각과 말과 행동을 함께 아우르는 강인한 마음으로 성실하게 실천함으로써 말의 신비한 능력에 의해 당신의 바람은 실현된다.

삶을 살아가며 진정으로 가치 있고 좋은 말을 하기 위해서는 먼저 생각한 후에 표현함으로써 자연스럽게 의미 있고 좋은 말을 수준 높게 표현하게 된다.

말의 의미에 따라 심신을 움직이며 실천하는 말의 신비한 능력에 의해 만들어지는 현상을 숙고하며 음미해 본다.

긍정적인 사고와 강인한 마음으로 말의 실체를 성실하게 실천함으로써 만들어지는 결과를 누리며 살아가는 것이 인간이다.

꿈과 비전이 미래를 창조하는 것이라면 현실은 생각의 표현인 말의 의미에 따라 행동하고 실천하며 이루어진 결과를 누리는 것이다.

그럼으로 평소에 소망하고 있는 생각을 말로 표현하며 마음에 각인시키고 각인된 의미를 말로 표현하며 행동하고 실천함으로써 만들어진 결과를 누리고 있는 환경이 현재 당신이 접하고 있는 삶의 현실이다.

생각은 당신의 얼이기 때문에 생각을 표현한 말은 자신을 속이지 않는다.

때문에 싫다고 말을 하면 그대로 마음이 따라 움직이며 싫은 감정이 마음에 만들어지고 좋다고 말을 하면 좋은 감정이 마음을 움직이며 즐거워진다.

사람의 얼인 생각이 말의 씨가 되고, 진솔하고 친절하게 표현하는 좋은 말이 마음의 밭에 싹을 틔우며, 말의 신비한 능력에 의해 만들어지는 결과를 누리게 된다.

때문에 무심코 함부로 표현했던 불평불만이 머리에 각인되고 마음에 견인됨으로써 당신의 불평불만에 의한 부정적인 생각이 마음에 자리하며

깨닫는 마음의 환희(歡喜)

당신을 지배하게 됨으로써 당신을 괴롭히는 현상이 만들어지게 된다는 것을 명심해야 한다.

이러한 환경을 만들지 않기 위해서는 부정적인 생각은 시간과 여유를 주지 말고 대범하고 용기 있게 미련 없이 버려야 한다.

부정적인 사고를 대범하게 버리고 부정적인 생각을 하지 않기 위해서는 조용하게 사고하며 꿈과 희망이 담긴 좋은 생각을 마음에 새기고 긍정적인 사고와 감사하는 마음으로 좋은 생각의 실체를 숙고함으로써 마음은 변화된다.

자신을 스스로 칭찬하고 배려하는 곱고 겸손한 마음으로 좋은 생각과 의미 있는 말을 부드럽고 친절하게 표현함으로써 말의 신비한 능력에 의해 부정적인 마음은 없어진다.

언제나 긍정적이며 의미 있고 진솔한 말은 희망의 씨앗이 되고, 겸손하고 친절하게 표현함으로써 주위로부터 인정받고 존경을 받을 수 있는 인품이 키워진다.

삶의 여정에서 표현하는 말은 장소와 때를 가리지 않고 언제나 신중하고 조심하며 부드럽고 친절하게 표현해야 한다는 것은 아무리 강조해도 부족하다.

생각을 표현하는 말은 신중하고 조심할수록 도움이 되면 되었지 잘못되는 일은 결코 발생하지 않는다는 것을 마음에 간직함으로써 말을 표현하는 인품은 성숙해진다.

구화지문(口禍之門)의 의미처럼 잘못된 말은 화를 불러 드리는 재앙의 문이다.

누구나 재앙을 멀리하고 두려워하며 싫어하지 좋아하고 즐기려는 사람은 없다.

말을 조심하고 신중히 하면 실수가 없고, 재앙이 따르지 않으며, 좋은 말을 함으로써 마음이 편해지고 즐거워지며 덕과 복이 따르는 것이 이치이다.

발 없는 말이 천리를 간다는 속담처럼 말은 빠르고 힘 있게 퍼지는 것이니 주의하라는 의미로 마사불급설(馬四不及舌), 즉 4마리의 말이 끄는 마차로도 따라갈 수 없을 만큼 힘 있고 빠르다는 고사성어의 의미를 숙고해 본다.

말을 하되 좋은 의미의 말을 신중하고 조심하기 위해 먼저 생각한 후에 표현하며 먼저 생각하고 후에 행동하는 습관을 만들어야겠다.

그렇다면 말을 아예 하지 말고 침묵하는 것이 좋을 것이라는 가설이 성립될 수도 있다.

그러나 그런 것은 결코 아니며 말은 항상 정정당당하고 정의롭게 표현함으로써 최상의 가치가 형성된다.

침묵은 금이고 웅변(말)은 은이라고 하는 속담은 말을 신중하게 하라는 의미이다.

음식은 씹어야 맛을 알 수 있고 말은 표현해야 말의 의미를 알 수 있고 올바르게 전달될 수 있다.

말은 의사소통을 위한 삶의 도구이자 사람만이 가지고 있는 신이 주신 소중한 선물이다.

그럼으로 말은 언제나 정정 당당하게 하되 표현은 부드럽고 친절하며 겸손한 마음으로 상대방에게 해가 되지 않도록 표현해야 된다는 말에 대한 신중성을 표현한 것이 침묵은 금이고 말은 은이라는 의미이다.

같은 말이라도 접해지는 환경에 따라 말을 듣는 누군가의 가슴에는 아픔이 될 수도 있고 기쁨과 희망의 씨앗이 될 수도 있는 것이 말이다.

때문에 지금 자신이 무슨 말을 하고 있는지 세심하게 살펴보는 통찰력과 부드럽고 친절하게 표현하는 성숙한 인품을 키우고 익혀야 한다.

말은 의미가 좋은 것이든 나쁜 것이든 머리에 기억되고 마음에 각인되며 견인력과 생명력에 의해 말한 대로 행동하고 실천하며 이루어지는 말의 신비한 능력을 수용하며 살아가야만 하는 것이 현실이다.

그럼으로 마음이 불편하고 화가 나고 감정이 많이 격하더라도 마음을 보듬고 달래며 긍정적이고 희망적인 말을 해야 한다.

자신과 주위의 모든 사람을 위하여 좋은 말을 표현하기 위해서는 겸손하고 감사하는 마음으로 긍정적인 말을 하고,

자신의 말이 잘못되었다면 변명하지 말고 반성하며 주저 없이 시정하고 바로잡는 용기를 가지고 부정적인 말 대신 긍정적이고 희망적인 표현을 해야 한다.

그리고 나는 실패자라는 말 대신 나는 성공자이며, 할 수 있다는 강인한 마음으로 지금부터 더 잘할 수 있고, 더 잘될 수 있다는 믿음과 확신을 가지는 긍정적인 표현을 해야 한다.

삼사일언과 언행일치의 의미를 마음에 새기며 자신감과 열정으로 신중하고 좋은 내용의 말을 함으로써 말의 신비한 능력의 결과를 즐겁게 누리게 된다.

말의 신비한 능력을 위해 가장 중요한 것은 긍정적인 사고로 원하는 것을 진솔하게 말로 표현하며 어떤 역경에도 참고 견디며 굴복과 포기를 모르는 강인한 마음으로 원하는 것을 실천하는 마음가짐을 가지는 것이다.

살아온 인생은 과거도 중요했지만 살아갈 현재와 미래는 더욱 소중한 것이다.

그럼으로 지금까지보다 지금부터가 더욱 소중하고 중요하다.

지금까지 긍정적인 사고와 좋은 생각을 말로 표현하며 행동하는 것이 부족했다면 지금부터라도 긍정적인 사고로 좋은 생각의 표현을 반복적으로 하며 말의 실체를 실천하는 습관을 만들자.

편하고 조용하게 심신을 다스리며 감사하는 마음으로 스스로 진솔하게 묻고 답하며 결심해 보는 마음을 가져 본다.

"지금부터 나는 긍정적인 사고로 좋은 생각과 좋은 말만 한다.

나는 항상 심신이 건강하고 근면하며 주어진 것을 다음으로 미루지 않고 최선을 다하며 끊임없이 실천하고 노력한다.

나는 나의 건전하고 좋은 잠재의식을 믿으며 모든 것을 나의 말대로 잘할 수 있는 자신의 위대함을 믿고 행동한다.

그럼으로써 나는 발전하며 주어지는 현재는 풍요롭고 행복해진다는 확신을 가진다."

이와 같은 내용의 말을 진솔한 마음으로 계속 반복함으로써 말에 담겨 있는 의미가 마음에 각인되며 말의 의미대로 실천하게 되고 습관이 만들어지고 원하는 결과가 형성되며 자신을 지배하는 강인한 정신이 만들어질 것이다.

긍정적인 사고로 확신과 믿음을 가지고 희망적인 말을 반복하면 할수록 마음은 편하고 여유로워지며 용기와 열정이 솟게 된다.

뿌린 대로 거둘 수 있는 것이 자연의 이치이듯이 말한 것이 씨가 되고 말한 대로 이루어질 수 있는 환경을 만들어 주는 것이 말의 신비한 능력

깨닫는 마음의 환희(歡喜)

이다.

　의사소통을 하며 듣고 있는 말의 의미에 따라 즉각적인 반응을 하는 것보다 먼저 경청한 내용을 숙고해 보고, 말에 담긴 의미를 바르게 이해하며, 옳고 그름을 판단한 후에 반응을 보여야 하는 것이 행동과 실천의 방법이며 순서이다.

　말을 듣고 반응하는 사람의 형태를 숙고해 보면 크게 두 가지로 구분할 수 있다.

　한 가지는 같은 의미의 말이지만 말의 의미를 숙고하며 올바른 생각과 판단으로 창조적이고 긍정적인 반응을 보이는 형태이다.

　다른 하나는 같은 의미의 말을 가지고도 정의롭지 못한 생각과 판단으로 부정적이고 비판적이며 파괴적인 반응을 보이는 형태이다.

　어느 것이 옳은 형태인가를 판단하고 선택하는 것은 자신의 소양과 인품의 몫이다.

　자신의 소양과 인품으로 숙고하고 판단하며 선택해 보시라!

　올바른 생각과 판단으로 행동하며 긍정적이고 창조적인 사람이 되기 위해서는 삼사일언과 삼사일행의 의미를 마음에 새기며 신중하게 사고하고 언행일치를 실천하며 현실에 충실하는 것이다.

　깊고 넓게 생각하고 신중하게 행동하며 자신을 돌아보고 반성하기 위해서는 항상 배우고 익히며 심신을 성숙하게 수양하고 단련하며 강인한 마음을 키우는 것이다.

　야생의 사나운 독수리나 넓은 바다의 고래도 조련사의 훈련을 통하여 길들여진다.

　동물이 길들여진다는 것은 사람에게는 습관이 만들어지는 것과 같은 것이다.

수없이 많은 생각과 말과 행동을 하며 역경과 시련을 극복하고 인생 여정을 꾸려 가는 삶이 지속되는 것이 인생 여정이다.

누구나 많은 말을 하지만 언제나 부드럽고 친절한 표현으로 상대가 이해하기 쉽고 듣기 좋게 말을 한다는 것이 그리 쉽지 않다는 현실이 많이 있다는 것이 아쉽다.

그리고 나쁜 습관은 쉽게 익혀지지만 좋은 습관은 쉽게 익혀지지 않는다는 것을 해결하기 위해 배우며 익힌 앎으로 심신을 수련하고 단련하는 것을 강인한 마음으로 멈춤 없이 계속하는 진행형이 되어야 한다.

멈춤 없이 계속되는 진행형이 되어야 하는 이유는 멈추고 쉬면 변하고 바뀌는 것이 인간의 생각이고 마음이다.

바쁘고 번잡한 일상을 통하여 좋은 생각과 말을 표현하는 마음가짐과 실천해야 하는 것을 사고해 본다.

먼저 성숙한 인격과 인품을 키우며 생각하고 난 후에 말로 표현하며 행동하는 습관을 만들고,

좋은 말을 할 수 있는 능력을 키우기 위해 끊임없이 배우고 익히며 앎을 넓히고,

부드럽고 친절하며 겸손하게 표현하는 마음을 다스리는 것이 의미 있는 좋은 말을 수준 높게 잘 표현하는 지혜이다.

성숙한 인품으로 정의롭고 친절하게 표현하는 습관을 가지면 말은 자연스럽게 부드럽고 겸손해지며 상대를 배려하고 포용할 수 있는 능력이 키워진다.

그리고 자신을 묵상하는 마음으로 돌아본다.

깨닫는 마음의 환희(歡喜)

말을 표현하기 전에 자신이 표현하려는 말의 의미가 긍정적이고 희망적인 표현인가!

부정적이며 절망과 불행을 표현하는 말은 아닌가!

아픈 마음의 상처를 치유해 줄 수 있는 따뜻하고 친절하며 의미 있고 희망적인 표현인가!

아니면 마음의 상처를 더욱 깊고 아프게 만드는 차갑고 부정적인 표현인가를 숙고해 보는 것이 절실하게 요구된다.

끊임없이 배우고 익힌 앎으로 성숙한 인품을 키우고 자신을 돌아보며, 긍정적인 마음으로 겸손하고 합리적이며 좋은 생각을 진솔하고 간절하게 표현하며 성실하게 실천함으로써 말의 신비한 능력은 바람을 현실로 만든다.

6-2. 말은 기적(奇跡)을 창조(創造)한다

인간은 만물의 영장으로서 의사소통의 소중한 도구인 말의 역량으로 사회공동체를 만들고 문명을 발전시키며 삶을 풍요롭고 행복하게 만들고 있다.

서로의 이해관계와 환경이 다른 사람들과 협조하며 일상을 원만하고 행복하게 만들어 가야만 하는 것이 삶의 현실이며 인간의 참된 도리이다.

말은 살아 숨 쉬며 움직이는 생명체는 아니지만 말의 의미대로 사람을 움직이게 하는 역량과 신비한 능력으로 말한 대로 이루어지는 기적을 창조한다.

말에는 긍정적이고 건설적이며 창조적인 면이 있는 반면에 부정적이고 비판적이며 파괴적인 면도 있기 때문에 삶의 여정에서 말을 할 때는 부정적이고 절망적인 표현 대신 긍정적이고 희망적인 표현을 함으로써 불가능한 것을 가능하게 만들며 말의 역량과 능력에 의해 기적을 창조한다.

말의 역량과 능력으로 만들어지는 순리에 의해 묵묵히 땀 흘리며 힘들게 일을 하는 사람에게 따뜻한 격려와 위로의 말 한마디가 심신에 미치는 영향은 대단히 크다.

원하는 목적과 목표를 이루기 위해 열심히 일을 하는 사람에게 친절하고 진솔한 마음으로 참 고생이 많습니다, 많이 힘드시지요, 수고가 많습니다 등과 같은 위로와 격려의 말은 일하는 사람의 마음을 긍정적이고 희망적으로 변화시키며 힘들고 지친 심신의 피로를 풀어 주는 응원의 효과에 의해 기적적인 현상이 창조된다.

만약에 심신의 모든 힘을 기울여 열심히 일을 하는 사람에게 좀 더 열심

깨닫는 마음의 환희(歡喜)

히 해야 되겠습니다, 성과가 나지 않네요! 일이 많이 지연되는 것 같습니다! 등과 같이 질책성 있는 말을 하는 것은 심신을 기울여 온 힘을 다하여 열심히 일을 하고 있는 사람의 마음을 부정적이고 절망적으로 변화시키며 더욱 마음을 힘들고 지치게 만들며 업무의 능률을 크게 저하시킨다.

이처럼 말의 의미와 표현방법에 의해 심신에 미치는 영향과 만들어지는 효과는 대단히 큰 차이가 있다.

같은 환경에서 같은 일을 하면서도 따뜻한 응원과 칭찬의 말 한마디는 힘들고 지친 심신의 피로를 풀어 주며 마음을 긍정적이고 희망적으로 변화시켜 주고 불가능할 것 같은 것을 가능하게 만드는 기적을 창조하게 된다.

말을 의미 있고 친절하게 표현하는 것은 지성과 인품의 몫이며 판단하고 실천할 수 있는 능력과 표현의 수준도 당신의 인품에 의해 가늠된다.

그럼으로 가치 있는 말을 현명하게 잘 표현하기 위해서는 늘 배우고 익히며 성숙한 인품을 키우고 말을 표현하기 전에 먼저 생각하고 겸손한 마음으로 부드럽고 친절하게 표현하는 것이 최상의 방법이다.

심신의 온 힘을 힘을 바쳐 열과 성을 다하여 진행하고 있는 일이 뜻대로 되지 않아 고민하며 실의에 빠져 있는 사람에게 "할 수 있습니다, 될 수 있습니다, 다시 시작해 봅시다." 등과 같은 정어린 격려와 응원의 말을 함으로써 실의에 빠져 고민하고 있는 사람에게는 용기와 희망을 가지게 되고 심리적으로 긍정적인 환경을 만들어줌으로써 기적 같은 현상이 창조된다.

긍정적인 사고와 희망적인 말은 믿음과 열정을 만들어 주며 실패의 두려움과 좌절에서 벗어나 새롭게 도전하는 용기와 확신을 만들어 주는 심신의 치료제이다.

당신을 믿습니다, 당신이 자랑스럽습니다, 당신이 꼭 있어야 합니다. 당신만이 할 수 있습니다. 등과 같은 표현은 심신이 많이 힘들고 지쳐 실의에 빠져 있는 사람에게 신뢰와 용기를 만들어 주고 자부심과 존재감을 가지게 하며 확신과 열정을 샘솟게 한다.

그리고 몸과 마음에 열정과 용기를 북돋아 주게 됨으로써 절망을 희망으로 변화시키며 더욱 큰 목표와 미래의 꿈을 이루는 기적이 창조된다.

말에 의해 만들어지고 창조되는 기적은 하늘에서 그냥 공짜로 떨어지는 것이 아니다.

말의 기적은 끊임없이 배우고 경험하며 익힌 앎으로 인격을 수양하며 키워진 인품을 바탕으로 성실하게 실천하며 현실에 충실한 사람에게 주어지는 선물이다.

긍정적이며 간절하게 표현하는 말이 마음을 움직이고 말의 의미를 실천하며 변화되는 현상과 격려와 응원의 말 한마디가 기적을 창조하게 되는 경우를 숙고하며 음미해 본다.

따뜻한 마음의 격려와 응원의 말 한마디가 심신으로 지쳐 있는 사람에게 용기와 확신을 가지게 하며, 좌절과 실의에서 벗어나 희망을 가지고 다시 도전할 수 있는 용기와 기회를 만들어 준다.

"잘했습니다, 아주 좋습니다." 등과 같은 칭찬의 말 한마디가 응원이 되며 지치고 힘든 마음을 가볍게 풀어 주며 침울한 마음을 즐겁게 변화시켜 주는 동력이 된다.

업무를 관리하는 감독자가 현재하고 있는 일이 잘못되어 고심하고 있는 사람에게 "그럴 수 있지요!, 괜찮습니다, 다시 하면 됩니다."라는 표현

깨닫는 마음의 환희(歡喜)

으로 관용과 배려의 말을 함으로써 힘들고 지친 심신을 풀어 주며 더 좋은 결과를 만드는 환경이 만들어진다.

관용과 아량으로 배려하는 따뜻한 격려와 칭찬의 말 한마디가 어려운 환경에 처해 있는 사람에게는 긴장되고 고통스런 심신을 편안하게 풀어 주며 희망을 가지게 하는 근원된다.

패배가 예상되는 상황에서도 격려와 응원의 말 한마디가 용기와 자신감을 만들며 승리할 수 있다는 믿음과 확신을 가지게 함으로써 패배의 환경을 뒤집고 승리할 수 있는 환경으로 변화시키는 기적을 창조한다.

이처럼 말에 의해 기적이 창조되는 경우와 변화 되는 현상을 마음에 새기고 일상에 유익하게 활용하며 실천하는 강인한 마음을 키우자.

학설에 의하면 자신이 표현하는 말의 95%가 자신에게 큰 영향을 미친다는 대뇌학자의 이론을 마음에 새기며 말의 의미에 따라 발생하는 현상과 이에 따라 심신에 미치는 영향을 살펴본다.

부드럽고 친절하며 따뜻한 말 한마디가 잘못 표현된 말로 인해 마음에 입은 상처를 치료해 준다.

잔잔한 호수에 돌을 던지면 호수에 파장이 일듯이 사람의 차갑고 힘들며 어두운 마음도 따뜻하고 친절한 말 한마디의 파장으로 마음을 평온하고 온화하게 변화시키고 감정을 즐겁고 편하게 만들어 준다.

삶의 현실은 자신의 생각과 습관에 의해 만들어지며 더욱 발전된 삶을 이루기 위해 추구하는 것을 실천하며 주어지는 환경을 포용하고 마음에 수용하며 진행하고 있는 것이 인생 여정이다.

인생 여정을 통하여 생각을 바꾸면 말이 바뀌고, 습관을 바꾸면 운명이 바뀌며, 생각과 말을 긍정적이고 희망적으로 표현함으로써 발전하는 것이 일상의 현상이다.

친절하고 따뜻한 말을 함으로써 우울하게 그늘져 있는 사람의 마음을 밝게 변화시키고 어둡고 주름진 얼굴의 주름을 펴 주고 밝고 환하게 만들어 준다.

긍정적으로 사고하는 마음에 용기와 열정, 자신감과 확신, 믿음과 신뢰가 충만한 마음의 크기만큼 말의 기적이 창조된다는 것을 마음에 새긴다.

말은 진실이 되었든 거짓이 되었든 언제나 자신의 생각이며 자신이 가지고 있는 진솔한 마음이고 말하는 사람의 얼이다.

칭찬하고 응원하며 격려하는 말의 역량은 할 수 있는 능력을 키워 주고 창조하는 강인한 힘이 잠재하고 있다.

콩 심은 데 콩 나고, 팥 심은 데 팥이 나는 것이 자연의 순리이듯이 건전하고 좋은 의미의 말을 신중하게 표현할 때 자연스럽게 말에 담겨 있는 의미에 따라 새롭고 좋은 일이 발생하는 것이 순리이다.

가룡성진(假龍成眞)의 의미처럼 농담으로 대수롭지 않게 한말이 진담이 된다고 하듯이 말이 기적을 창조한다는 것을 마음에 새김으로써 말을 하기 전에 깊이 생각하고 신중하게 표현해야 한다는 것을 다시금 깨닫고 뉘우치는 기회가 될 것이다.

말이 기적을 창조한다는 의미와 실현성을 긍정적인 사고로 깊이 새기며 할 말과 하지 않아야 할 말을 짚어 보며 숙고해 본다.

먼저 자신을 부정하거나 폄하하는 표현은 절대 하지 말아야 한다.

나는 실패자다, 나는 불행하다. 나는 되는 일이 없다, 내 팔자가 왜 이런가! 등과 같이 자신을 폄하하며 좋지 않게 표현하는 부정적인 의미의 말은 모두 잊어버리고 긍정적이고 희망적인 말을 함으로써 용기와 열정이 생기고 희망의 문이 열리며 자신감이 만들어진다.

자신을 폄하하면서 어찌 다른 사람이 당신을 칭찬하고 인정하며 존경하기를 바라는가!

자신을 폄하하는 말은 하면 할수록 정신적으로 마음이 무겁고 힘들며 부정적인 사고로 변화됨으로써 점점 심신이 약화되고 절망과 불행의 늪으로 빠지게 된다.

그러나 긍정적인 사고로 자신의 존재에 대해 감사하며 칭찬하는 마음을 가짐으로써 대단히 소중한 가치가 형성된다.

나는 항상 건강하고 부지런하며 나의 생각과 뜻대로 모든 것이 잘되고 있어 마음이 만족스럽고 행복하다.

내가 원하는 것을 나는 잘할 수 있고, 될 수 있으며, 나의 잠재의식은 슬기롭고 위대하다 등과 같은 긍정적이고 희망적인 생각을 말로 표현하는 것은 자신을 스스로 강인하고 위대하게 만드는 근원이 된다.

무엇이 되었든 생각과 말은 반복적으로 하지 않으면 머리에 기억되거나 마음에 각인되지 않고 잊혀지게 마련이다.

긍정적인 사고에 의해 심신이 변화되며 달라지는 현상과 만들어지는 것들을 살펴본다.

"말이 씨가 되고 말한 대로 이루어진다."라는 의미를 긍정적인 마음으로 수용하고 발생하는 문제를 포용하면 믿음과 확신이 마음을 움직인다.

긍정적인 사고로 희망 있는 표현을 함으로써 마음이 즐겁고 활기 있게 변화된다.

그리고 긍정적인 생각과 좋은 말은 주어진 현실과 미래의 삶을 행복하게 만드는 원천이다.

자신의 생각을 표현한 말에 대한 결과는 자신이 거두게 되는 것은 농부가 뿌린 씨앗을 가꾸며 경작한 결과를 농부가 거두는 것과 같다.

좋지 못한 관습이나 익혀진 습관을 바꾸지 않는다면 언젠가는 나쁜 습관에 얽매이며 나쁜 습관의 지배를 받아야 하는 나쁜 습관의 노예로 전락하게 된다.

인생을 살아가며 고난과 역경에 지배당하지 않고 자유로워지기 위해서는 주어지는 환경을 너그럽게 포용하며 감사하는 마음을 가질 수 있을 때 문제됨을 슬기롭게 해결할 수 있는 용기와 열정이 마음을 움직이는 기적이 창조된다.

할 수 없고, 될 수 없을 것 같은 것도 긍정적인 사고로 원하는 것을 간절하게 표현하며 성실하게 실천함으로써 열정과 용기가 생기고 자신감이 만들어지며 할 수 있고 될 수 있는 기적을 창조하는 환경으로 변화된다.

미합중국의 남북전쟁을 승리로 이끌고 통합시킨 "아브라함 링컨"은 그리 순탄치 못한 환경에서 자라 미합중국의 대통령이라는 정상에 오른 역사적으로 추앙받는 위인이다.

"행복은 행복하기로 마음먹은 만큼 행복하다."라는 링컨의 명언을 숙고해 본다.

긍정적인 생각과 신념으로 말한 것을 성실하게 실천하는 만큼의 결과를 성취할 수 있다는 것을 일깨워 주는 가르침이다.

하루를 즐거운 마음으로 시작하는 싱그러운 아침에 이와 같은 교훈을 마음에 새기고 추구하고 있는 소망을 매일 아침 간절한 마음으로 크게 말해 보십시오!

당신의 간절한 표현에 의해 생각과 마음이 바뀌며 긍정적인 좋은 생각

깨닫는 마음의 환희(歡喜)

에 의해 좋은 것이 마음에 잉태하게 된다.

말은 기적을 창조한다는 긍정적인 마음으로 쉽고도 편한 것부터 실천하는 습관을 만드는 인품을 키우는 것은 참으로 소중하다.

말에는 기적을 창조하는 위대한 역량과 능력이 잠재하고 있다는 것을 긍정하며 말에 담겨 있는 실체를 성실하게 실천함으로써 말의 기적은 창조된다.

자신의 생각을 간절하게 표현함으로써 말에 담긴 의미가 머리에 각인되고 각인된 말의 의미를 마음에 담고 말의 의미를 성실하게 실천함으로써 말한 대로 이루어지는 기적은 창조된다.

복잡하고 다양한 관계가 맺어지며 활동하는 사회에서 말이 기적을 창조하는 환경을 만들기 위한 마음가짐을 숙고해 본다.

첫 번째의 마음가짐은 말하기 전에 먼저 깊고 넓게 생각하며 숙고하는 것이다.

두 번째는 내가 먼저 겸손하고 친절하며 부드럽고 진솔하게 표현하는 마음가짐이다.

세 번째의 마음가짐은 상대에게 믿음과 신뢰가 전해질 수 있게 표현하는 것이다.

네 번 째는 아름답고 이해하기 쉽고 명확하게 표현하며 상대의 말을 경청하고 칭찬하는 마음가짐이다.

자신의 마음가짐은 남의 간섭 없이 비용도 들이지 않고 자신의 의지만으로 가능한 것이지만 그리 쉽게 되지 않는다.

마음가짐은 자신의 생각이고 결단이며 선택이고 결심이다.

때문에 마음가짐은 자신과의 대화이며 약속이란 것을 명심하고 스스로 결심함으로써 원하는 마음가짐이 가능해진다.

배우고 경험하며 익힌 앎을 성실하게 실천하며 인품을 성숙하게 만들고 표현을 잘할 수 있는 역량과 능력을 키움으로써 추구하는 가능성은 창조된다.

사람의 마음과 생각을 전달하는 말의 의미와 표현에 방법에 의해 만들어지는 현상을 숙고해 본다.

말은 첫 표현에 의해 가능성이 만들어지며 곱고 친절하게 표현된 말의 수준에 의해 좋은 관계가 형성된다.

겸손하고 진솔하게 표현한 말의 내용에 의해 믿음과 신뢰가 두터워지며 상대의 말을 경청함으로써 마음의 소리를 들을 수 있는 환경이 만들어진다.

말의 내용이 아무리 의미 있고 좋은 것이라도 표현방법이 거칠며 친절하지 못하고 큰 음성으로 말을 하는 것은 가능한 것도 불가능하게 만드는 나쁜 요인이 된다.

때문에 말을 하기 전에 겸손한 마음가짐으로 상대의 말을 경청한 후에 자신의 생각을 부드럽고 친절하게 표현함으로써 불가능했던 문제를 가능하게 만드는 기적이 창조된다.

산울림의 메아리처럼 가는 말이 의미 있고 곱고 부드러우면 오는 말도 의미 있고 곱고 부드러운 것이 변치 않는 순리이다.

같은 의미의 말이라도 큰 음성으로 격하게 표현하거나 차갑고 날카롭게 표현하는 것은 대화의 의미를 상대가 듣고 이해하는 데 나쁜 영향을 미치게 될 뿐만 아니라 상대의 열려 있는 마음의 문을 닫게 하는 역반응이 발생한다.

깨닫는 마음의 환희(歡喜)

따뜻하고 친절하며 온화한 마음가짐 없이 격한 감정으로 말을 하려면 차라리 침묵으로 마음에 묻어두는 것이 더 효과가 있다.

아름다운 관계는 관심과 배려에 의해 만들어지고 부드럽고 친밀한 관계는 말을 통해 만들어지는 것이다.

그리고 부드럽고 따뜻한 마음과 즐거운 감정은 겸손하고 친절한 말에 의해 만들어진다.

뜨겁게 끓고 있는 주전자에서 따뜻하게 먹고 마실 수 있는 물은 결코 나올 수 없듯이 감정이 격한 상태에서는 온화하고 친절한 말이 나올 수가 없다.

감정이 격하고 화가 난 상태에서는 말을 하지 않고 눈을 감고 침묵하며 잠시 격한 감정을 다스리는 마음가짐이 필요하다.

"침묵은 금이다."라는 명언을 새기고 마음을 다스리며 조용하게 표현하며 곱고 부드러운 음성으로 상대에게 친절하게 말의 의미가 전달될 수 있게 함으로써 상대가 마음의 문을 열고 의사소통을 할 수 있는 대화의 장이 만들어지게 된다.

열린 마음으로 상호소통하며 대화의 환경을 즐겁게 만들고 품위 있게 소통을 하기 위해 지켜야 할 대화의 예의와 방법을 숙고해 본다.

먼저 삼사일언(三思一言)과 선사후언(先思後言)의 의미를 마음에 새기고 상호대화를 하면서 남이 말하는 중간에 끼어들지 말고, 말이 진행되고 있는 중간에 남의 말을 자르거나 가로막고, 방해하지 않아야 한다.

그리고 말하는 환경과 분위기를 혼자서 독점하는 것은 원활한 대화방법이 아니며 예의가 아니다.

이처럼 대화를 하면서 남이 말하는 중간에 끼어들기, 남의 말 가로채기,

남의 말 자르기, 남의 말 가로막기, 혼자서 말을 독점하는 것은 대화의 가장 나쁜 오대 악(五大惡)이다.

그러나 먼저 듣고 말하며 상대의 말을 경청하는 마음가짐은 자신과 상대를 위해 가장 바람직한 대화를 위한 예의이고 순서이며 좋은 방법이다.

인생 여정을 꾸려 가며 의사소통을 하면서 가져야 할 마음가짐과 지켜야 할 예의를 마음에 간직하고,

긍정적적인 사고와 부정적인 사고가 만드는 옳고 그른 이치를 마음에 새기고,

겸손한 마음으로 간절한 바람과 좋은 생각을 부드럽고 친절하게 표현함으로써 말의 기적은 창조된다.

건강한 몸과 마음으로 정의롭게 배우며 경험하고 익힌 앎을 실천하며 심신을 수련하고 단련함으로써 키워지는 인품으로 좋은 생각을 수준 높게 표현하는 부드럽고 친절한 말은 기적을 창조하며 인간관계를 발전시키는 소중한 무형의 재산이다.

깨닫는 마음의 환희(歡喜)

7.

아량(雅量)과 배려(配慮)하는 마음의 향기(香氣)

향기라는 표현의 이미지는 고풍스럽고, 만질 수도 없고, 보이지도 않지만 순수하고 깨끗하며 아름답고 고운 표현의 극치이다. 그리고 언어 자체만으로도 의미있고 순결함과 아름다운 것을 대신하는 데 부족함이 없다.

표제의 아량의 향기는 맑을 아(雅) 헤아릴 량(量)자의 뜻처럼 마음 씀씀이를 깊고 넓게 헤아리며 너그럽게 함으로써 관계되는 대상에 미치는 영향의 총화를 의미한 것이다.

그리고 배려의 향기는 나눌 배(配) 생각할 려(慮)자의 의미처럼 베풀며 나누고 도와주는 마음 씀씀이가 관계되는 대상에 미치는 영향의 총화를 표현한 것이다.

온 누리에 아름답고 예쁘게 피는 자연의 꽃과 향기는 한철에 불과하며 유한하다.

그러나 마음의 향기는 무한하며 세상에서 가장 소중하고 존귀한 향기이다.

접해지는 일상을 통하여 너그럽게 헤아리며 포용하는 마음가짐과 보살피며 베풀고 나누는 아름다운 마음 씀씀이가 상대에게 미치는 영향은 대단히 크며 관계를 아름답게 만들어 준다.

높고 푸른 하늘과 넓고 깊은 바다와 같은 마음으로 매사를 너그럽게 포용하며 아우르고 베푸는 아량과 아름답게 배려하는 마음의 향기에는 어려움을 아우르며 삶을 풍요롭고 행복하게 변화시키는 역량이 담겨 있다.

넓은 아량과 아름답게 배려하는 마음의 향기가 관계되는 대상에 미치는 영향과 만들어지는 현상을 숙고해 본다.

넓은 아량과 아름다운 배려는 사람을 따르게 하고, 마음을 가깝게 하며, 어렵고 힘든 것을 풀어 가는 데 큰 영향을 미치게 한다.

깨닫는 마음의 환희(歡喜)

인간관계에 주어지는 환경을 포용하는 데 활성제 역할을 하는 것이 넓은 아량과 아름답고 따뜻한 배려이다.

넓은 아량과 아름다운 배려는 너그럽게 포용하며 주어지는 환경을 아우르는 성숙한 인품에 의해 만들어지며 매사를 아우르고 보듬어 주는 성숙한 마음 다스림에 의해 가능된다.

옥(玉)에도 티가 있다고 하듯이 정도의 차이는 있겠지만 인품이 아무리 훌륭하고 좋은 생각과 방법을 가지고 있다 해도 완벽하지 못하고 흠과 부족함이 있을 수 있다,

그러나 실수나 잘못된 것을 반성하고 시정하며 모자람과 부족함을 채움으로써 흠과 부족함을 해결하는 기회가 만들어진다.

사물은 잘못된 흠과 티를 바르게 고치고 수정함으로써 더 좋은 것으로 변화될 수 있듯이 사람도 잘못됨을 깨닫고 뉘우치며 모자람과 부족한 것을 위해 배우고 익힘으로써 인격이 수양되고 인품이 성숙해진다.

정의롭고 성숙한 마음으로 먼저 자신을 돌아보고 너그럽게 헤아리며 상대에게 도움이 될 수 있도록 돕고 보살피는 아량과 배려하는 마음을 가지는 것은 성숙한 인품을 익히는 지혜이다.

매사를 정의롭게 헤아리고 남의 고통과 아픔을 함께 나누며 어려움을 돕는다는 것은 수양된 인격과 성숙한 인품에 의해 형성되는 지적인 마음의 향기이다.

순수하게 베푸는 넓은 아량과 아름다운 배려는 대인관계를 부드럽고 친절하게 아우르며 좋은 환경을 만들어 주는 소중한 무형의 활성제이다.

이처럼 소중한 무형의 활성제인 아량과 배려하는 마음의 향기에 의해 변화되는 심신의 현상과 만들어지는 환경을 음미해 보며 주의할 사항을

숙고해 본다.

자신의 불편함과 불이익을 감수하며 상대방에게 편의를 제공해 주고 순수하게 베풀고 나누는 마음의 아량과 배려의 향기는 모두의 마음을 아름답고 가치 있게 만들어 준다.

그러나 바다처럼 넓고 깊은 아량으로 순수하고 아름답게 배려하는 것이라도 상대의 마음을 불편하게 하거나 아픈 마음을 자극하지 않도록 주의해야 한다.

아량과 배려를 받는 사람의 마음이 고달프고 힘들며 환경이 어려울 때는 상대의 생각이 좁아지고 감정이 민감하기 때문에 순수하게 베푸는 것이라 해도 상대방의 오해로 마음을 상하게 할 수도 있다.

현재 접하고 있는 사회는 다양한 만남과 관계로 얽혀지고 빠르게 변화되는 환경을 포용하며 활동하고 있는 것이 현실이다.

그럼으로 상대의 어렵고 힘든 마음과 아프고 민감한 감정을 잘 헤아리고 보살피는 마음으로 겸손하고 친절하게 행동해야 한다.

상대를 위해 베푸는 아량과 배려가 지나치게 적극적이거나 소극적이면 좋지 못한 현상이 발생할 수 있다.

아량과 배려가 지나치면 본의 아니게 상대방의 프라이버시(Privacy)나 상대만의 사적인 영역에 함부로 뛰어 들어 간섭하거나 압박과 고통을 주는 현상이 발생할 수도 있다.

그리고 상대의 잘못된 생각으로 인해 예기치 않게 오해하는 일이 있을 수 있다.

상대에게 베푸는 아량과 배려가 아무리 좋은 의미를 가지고 있더라도 때와 장소가 적절하지 않으면 오해가 발생할 수 있다는 것을 직시하며 숙고해야 한다.

상호소통을 하며 상대의 마음을 편치 않게 하는 아량과 배려는 부정적인 결과를 만들게 될 뿐이다.

그럼으로 아무리 선하고 아름다운 마음으로 베푸는 아량과 배려이지만 때와 장소가 적절한가를 세심하게 살펴야 한다.

그리고 접해 있는 환경을 아우르며 때와 장소에 어울리도록 행동하고 실천해야 한다.

긍정적인 사고와 좋은 생각으로 적재적소에 베푸는 아량과 배려의 향기에 의해 변화되는 현상과 만들어지는 환경을 살펴본다.

넓은 아량과 순수하고 아름다운 배려가 있는 곳에는 부드럽고 화목한 환경이 만들어진다.

진솔하고 소박한 마음가짐으로 겸손하게 행동하는 곳에는 불평과 불만이 사라지며 아량과 배려가 있는 곳에는 상호 의견이 충돌하여 마음이 상하는 일이 발생하지 않는다.

넓은 아량과 아름답고 순수하게 배려하는 마음을 가진 사람은 수양된 인격과 성숙한 인품으로 상대를 잘 이해하고 아우르며 포용하는 마음의 역량이 풍부하다.

아량과 배려는 베푸는 것이 되었든 받는 것이 되었든 주어지는 환경에 성실하고 충실함으로써 상호관계는 발전되며 더 좋은 기회가 만들어지고 신뢰가 두터워지며 화목해진다.

무엇을 하든 적시적소의 환경과 진행하는 과정과 순서가 중요하듯 대인관계를 위해 베푸는 아량과 배려도 주어진 환경을 충실하게 활용하며 성실하게 실천하는 데 적합해야 한다.

그리고 너그러운 마음으로 베푸는 아량과 순수하고 아름다운 배려의 향기는 조용하게 생각을 다듬으며 주어지는 환경을 포용하고 현실에 충실하며 배우고 익히는 성숙한 인품에 의해 만들어진다.

생각이 다르고 이해관계가 충돌되어 다투는 원인은 다양하지만 대부분은 상대로부터 자신의 인격이 원초적으로 무시당했을 때 가장 많이 발생한다.

역경과 실망으로 마음 아픈 비극과 눈물을 참고 이겨 내는 마음의 역량은 성숙한 인품으로 자신을 돌아보며 자신에게 베푸는 마음의 아량과 배려에 의해 키워진다.

슬픔, 불행, 불만, 비극, 실망 등등을 가지고 고민과 한탄만 하지 말고 스스로에게 베푸는 넓은 아량과 순수하고 아름답게 배려하는 마음으로 원인을 깨닫고 뉘우치며 터득한 앎을 성실하게 실천하고 이행함으로써 해결된다.

그리고 슬픔 대신 기쁨, 불행 대신 행복, 불만 대신 만족, 실망 대신 희망으로 환경을 변화시키며 행복한 삶을 이끌어 갈 수 있는 기회와 희망이 주어진다.

이러한 이치를 숙고하며 마음에 새기고 긍정적인 사고로 생각을 다스리고 다듬기 위해 성숙한 소양과 인품으로 아량과 배려하는 마음을 익히며 수련하고 단련시키자.

역경과 비극을 참고 아픔을 달래며 눈물을 닦아주고 포용하는 넓은 아량과 아름다운 배려의 향기는 서로를 따뜻하게 품어주는 소중한 마음의 선물이다.

이처럼 아량과 배려의 향기가 지니고 있는 소중한 미덕을 키우는 방법

깨닫는 마음의 환희(歡喜)

은 늘 배우고 경험하며 익힌 앎으로 인격을 수양하며 아우르고 주어지는 환경을 포용하는 넓은 마음을 가지는 것이다.

넓은 아량과 배려하는 마음의 향기가 풍부하고 덕이 있는 사람을 살펴본다.

덕이 있는 사람은 인격이 수양되고 많은 지식과 성숙한 인품으로 너그럽게 이해하고 포용하는 마음이 넓고 깊으며 조용하고 여유롭다.

앎이 풍부하며 교양이 있고 수양된 인격을 가진 사람일수록 인품이 성숙되고 덕이 있고 넓은 아량으로 베풀고 배려하는 마음이 향기롭다.

덕과 교양이 있고 수양된 인격과 성숙한 인품을 가진 사람일수록 겸손하며 마음의 그릇이 아름답고 크다.

이처럼 덕을 지닌 사람의 이미지는 겸손하고, 교양이 있고, 수양된 인격과 성숙한 인품의 표상이며, 넓은 아량과 순수하게 배려하는 마음이 아름답고 향기롭다.

수유칠덕(水流七德)의 의미처럼 낮은 곳을 찾아 흐르는 겸손의 덕, 막히면 돌아가는 지혜의 덕, 구정물도 받아들이는 포용의 덕, 그릇의 모양을 탓하지 않고 담기는 융통의 덕, 작은 물방울로 바위를 뚫는 끈기와 인내의 덕, 두려움을 모르고 투신하며 아름다운 폭포를 만드는 용기의 덕, 유유히 흐르며 넓은 바다를 이루는 대의의 덕과 같은 깊은 의미를 배우고 익히며 인품을 키우는 것은 너그러운 아량과 배려하는 마음의 향기로 상호 간의 갈등과 문제되는 것을 해결하는 성숙한 인품과 지혜를 익히는 지름길이다.

넓은 아량과 배려하는 마음의 향기와 접해지는 환경을 깨닫고 뉘우치며 인지해야 할 것을 숙고해 본다.

고생 끝에 낙이 있고, 젊어서 고생은 사서도 하며, 엄동설한 매서운 추위와 눈보라의 모진 환경을 이겨 내는 매화가 더욱 아름답고 향기롭다는 의미를 마음 깊이 새긴다.

숙고 해 본다, 세상에 어렵고 힘든 환경과 불행이 없다면 즐거움과 행복이 무엇인지를 알 수 있을까!

바라는 것이 없으면 마음이 만족할 줄 알지만 다양하게 변화하는 현실을 살아가는 활력과 열정이 없어지며 발전이라는 것을 기대할 수 있을까!

과연 인생 여정에 이러한 현상이 만들어진다면 부족함과 만족함을 모르게 되고, 발전하는 것이 필요 없으며, 행복과 불행을 모르는 인간생활이 존재할 수 있을까!

아무리 생각하고 숙고해 보지만 잘못되고 모자라며 허망한 논리임이 분명하다.

이와 같은 잘못된 논리를 깨닫고 뉘우치며 긍정적인 사고로 생각을 가다듬고 아량과 배려하는 마음과 새로운 앎을 익히는 기회를 가지며 변화되는 현상과 환경을 숙고해 본다.

일상을 꾸려 가며 넓은 아량과 따뜻하게 배려하는 마음을 가지는 것은 사람의 올바른 도리이며 필요한 소양이다.

꿈과 희망을 가지고 자유롭게 생각하며 실천하고 원하는 것을 성취하기 위해 노력하는 것이 생동(生動)의 참된 가치이다.

넓은 아량과 아름답게 배려하는 마음으로 상호 협조하며 살아가는 환경에서 벗어날 수가 없는 것이 사람이다.

절망을 딛고 힘든 역경을 극복하며 포기하지 않음으로써 희망이 펼쳐지며 재기할 수 있는 기회가 주어지는 것이 가능한 것이다.

깨닫는 마음의 환희(歡喜)

험악한 사막의 환경에서도 고난과 역경을 무릅쓰고 도전함으로써 오아시스의 물과 그늘을 찾을 수 있게 된다.

좌절과 절망하는 마음에는 역경과 시련을 참고 견디며 재기하는 기회를 가짐으로써 희망이 잉태된다.

어려움을 참고 고통과 불행을 극복하는 강인한 마음은 행복의 가치를 가르쳐 주는 스승이다.

이와 같은 것들을 얼마만큼 공감할 수 있는가를 스스로 가늠해 보며 지성을 익히는 기회를 가지며 숙고해 본다.

넓은 아량으로 아름답게 배려하며 고난과 역경을 딛고 용기와 확신을 가지고 재기함으로써 형성되는 것이 더욱 보람되고 소중한 가치가 있다.

넓은 아량과 아름답게 배려하는 마음의 역량을 키우며 배우고 익힌 성숙한 인품으로 강인한 마음을 수련하기 위해 필요한 것은, 긍정적인 사고로 넓은 아량과 배려로 상대를 아우르며 돕고,

스스로가 위대한 존재임을 자각하며 역경과 고난을 극복하며,

강인한 마음으로 주어진 환경에 충실함으로써 아량과 배려의 향기를 만드는 인품은 더욱 성숙해진다.

현재 접하고 있는 자신의 환경이 힘들고 어려울수록 긍정적인 마음으로 절대 포기하지 않고 서로가 베푸는 너그러운 아량과 아름답게 배려하는 강인한 마음을 가져야 한다.

아량과 배려하는 마음의 가치는 스스로에게 베푸는 것이 되었든 상대에게 베푸는 것이 되었든 어렵고 힘든 환경을 참고 마음을 다스림으로써 가치 있게 형성된다.

자신이 접하고 있는 역경은 언제나 오늘이고 지금이며 접하고 있는 환

경은 바뀌고 지나가는 것이 섭리이다.

지혜의 왕으로 불리 우는 "솔로몬"의 명언인 "이 또한 지나가리라."라는 것을 마음에 새기며 어떠한 고난과 역경도 머물지 않고 지나가는 것이 만사의 이치라는 것을 마음에 새긴다.

짧지 않은 인생을 살아가며 어찌 마음에 흡족하고 즐거운 일만 있을 수 있겠는가!

인생길 걷다 보면 울퉁불퉁 튀어난 돌부리에 걸려 넘어지기도 하고 힘든 오르막길을 오르면 편한 내리막길도 있기 마련이다.

인간에게 주어지는 역경과 어렵고 힘든 환경은 사람을 강인하게 만드는 트레이너이며 성숙한 인성과 인품을 익혀 주는 마음의 스승이다.

아무리 단단하게 쌓은 제방도 거센 폭풍우에 맥없이 무너지기도 하며, 고장이 나고 파괴되었기에 다시 고치며 건설할 수 있는 기회가 주어지는 것이 이치이다.

넘어졌기에 일어나는 경험을 할 수 있으며, 실패를 경험했기에 더욱 강인한 마음으로 배우며 익히고 다시 도전하며 재기할 수 있는 기회가 주어지는 것이 이치이다.

다툼이 있기에 서로 소통하며 화해하고 함께하는 즐거운 관계가 새롭게 만들어질 수 있다.

모진 눈보라 속에서도 보이지 않은 어려운 환경을 참고 견뎠기에 새싹을 틔울 수 있다.

포기하지 않고 꾸준히 실천하였기에 원하는 것을 성취하는 즐거움이 주어지며 불행을 경험한 사람이 행복의 소중함을 더 절실하게 깨닫게 되는 것이 정신세계의 순리이다.

깨닫는 마음의 환희(歡喜)

물과 공기와 햇볕의 실체는 공간과 틈만 있으면 어디든지 스미며 존재하듯이 넓은 아량과 아름답게 배려하는 성숙한 마음은 모든 인간관계를 아우르며 유익하게 만들어 주는 명약이다.

넓은 아량과 아름답게 배려하는 마음의 씀씀이가 없으면 아집과 욕심이 생기기 시작하는 것이 사람의 마음이다.

주어지는 현실을 아우르고 포용하며 넓은 아량과 아름답게 배려하는 마음을 가짐으로써 아집과 욕심은 없어지며 복과 덕을 누릴 수 있는 환경으로 변화된다.

원하고 바라는 복은 성숙한 인품으로 너그럽게 베푸는 넓은 아량과 아름답게 배려하며 선행을 실천하는 겸손하고 감사하는 마음에 주어지는 선물이다.

이처럼 마음에 주어지는 선물인 복 중 옛부터 전통적으로 전해지는 5가지의 복과 현대인이 추구하는 복을 살펴본다.

먼저 옛부터 사람이 바라고 있는 다섯 가지의 복(福)을 음미해 본다.

첫째는 사람의 수(壽)다.

얼마만큼 생명을 오래도록 유지하느냐 하는 것임으로 하늘이 정해준 나이를 누리며 건강하고 행복하게 사는 복이다.

둘째는 부(富)이다.

살아가는 데 불편하지 않을 만큼의 약간의 부를 가지고 있어야 한다.

그렇지 않으면 마음이 불편하고 여유로운 마음을 가지기가 힘들고 경제적으로 일상을 꾸려 가는 데 스트레스를 받게 된다.

셋째는 강령(綱領)이다.

강령은 일의 근본바탕이며 심신의 건강을 유지하는 뿌리이다.

항상 심신이 건강하고 편하며 행복한 것이 삶의 근본이 되어야 한다는 것이다.

넷째는 유호덕(攸好德)이다.

삶을 유지하며 덕을 즐기며, 서로가 베풀고 나누며 돕고 선행을 실천하며 즐겁고 행복한 삶을 누리는 것이다.

다섯 번째로는 고종명(考終命)의 복이다.

일생을 건강하게 살아가며 하늘이 인간에게 부여한 생명을 편안하게 살다가 고통 없이 생을 마칠 수 있는 죽음의 복이다.

그러나 많은 변화 속에 발전하는 인공지능(AI)의 4차 산업혁명 시대를 살아가는 현대인이 생각하는 복에 대한 패러다임은 많이 변화되고 있다.

환경이 빠르게 변화하고 바뀜으로써 현대인이 추구하는 오복은 옛부터 전해지는 것과는 많이 다르다.

현대인이 추구하며 바라고 있는 5가지 복은 건강, 부부, 부(富), 친구, 일(事)라고 한다.

첫째는 건강한 몸과 마음을 가지는 건강의 복,

둘째는 서로가 아끼고 사랑하는 배우자를 가지는 부부의 복,

셋째는 노년에 자식에게 손 벌리지 않아도 될 만큼 재산을 가지는 부(富)의 복,

넷째는 자신을 알아주고 서로 아끼는 참된 우정을 가지는 친구의 복,

다섯 번째로는 생활의 리듬과 삶의 보람을 가지는 적당한 일거리로 시간을 즐겁게 소일할 수 있는 일(事)의 복이다.

이처럼 옛부터 전해지는 복과 현대인이 추구하는 복은 다르지만 시대가 바뀌어도 변함없는 것은 경제(富)인 것 같다.

인간은 만물의 영장으로서 서로를 아우르며 헤아리는 넓은 아량과 순수하게 베푸는 아름다운 배려로 서로 돕고 협조하며 살아가야 하는 개체 능력이 약한 사회적 동물이지만 부를 누리려는 생각과 필요성은 옛 시대나 현시대나 변함이 없다.

때문에 인간은 사회적 동물이자 경제적인 동물이라고 이름하는 것 같다.

행복한 인생 여정을 위한 성숙한 인품과 지혜를 숙고하며 살펴본다.

넓은 아량과 아름답게 배려하는 마음으로 상호 좋은 만남과 관계를 만들고 끊임없이 협조하고 활동하며 배우고 익힌 앎을 실천하며 소통하는 지혜를 익히는 것이다.

겸손한 마음과 넓은 아량으로 아름답게 배려하며 자신을 돌아보고 배우며 익혀 온 성숙한 인품으로 복과 덕을 추구하며 원하는 것을 성실하게 실천함으로써 바람은 현실로 변화된다.

상호 간에 의사소통을 하면서 서로 다른 생각으로 인하여 예기치 않게 분노와 다툼이 발생하는 경우에는 겸손한 마음과 성숙한 인품에 의해 만들어지는 넓은 아량으로 아름답게 배려함으로써 격하고 화난 감정을 온화하게 변화시킬 수 있다.

넓은 아량과 아름답게 배려하는 마음의 향기는 주어지는 환경을 포용하며 겸손한 마음으로 아집과 편견을 버리고 부정적인 사고 대신 긍정적인 사고를 가짐으로써 어렵고 힘든 모든 관계를 부드럽고 온화하게 변화시키며 복된 인생 여정을 발전시키는 근원이 된다.

8.

웃음과 미소(微笑)에
대한 찬미(讚美)

얼굴의 표정이나 목청의 울림소리를 통하여 즐거운 감정을 겉으로 나타내는 것이 웃음과 미소라는 것은 누구나 알고 있는 평범한 상식이다.

특별함 앞에 평범함이 소외받으며 쉽게 잊어버릴 수 있듯이 평범한 일상에서 잊어버리기 쉬운 웃음과 미소의 고마움을 찬미하는 기회를 가진다.

웃음과 미소가 사람에게 미치는 영향은 대단히 중요하고 소중하다는 것을 새롭게 숙고해 본다.

웃음과 미소에 의한 얼굴의 표정과 웃음소리는 외적으로는 사람의 모습을 부드럽고 아름답게 만들며 내적으로는 긴장되고 경직된 마음을 즐겁게 변화시켜 주며 심신을 온화하고 따뜻하게 변화시켜 준다.

서로를 아우르며 활동해야만 하는 사회 환경에서 내 곁에 사람을 머물고 따르게 하며 접해지는 환경을 즐겁게 변화시켜 주는 것은 즐거운 웃음과 미소가 으뜸이다.

심신이 힘들고 긴장되며 초조하거나 슬프며, 고통스럽고 엄숙한 환경에서는 즐겁고 기쁜 웃음과 미소가 없어지며 분위기가 무겁고 삭막하게 변화되기 마련이다.

그럼으로 웃음이나 미소가 없는 환경에서 살아가는 사람은 마음이 무겁고 우울하며 심신을 힘들게 하는 스트레스가 쌓이고 건강을 해롭게 하는 원인이 된다.

웃음과 미소는 일체의 비용과 경비지출 없이 긍정적인 생각과 마음만으로 누구나 쉽게 할 수 있으며 즐거운 감정을 만들어 주는 무형의 소중한 도구이다.

웃음은 만병통치약이라고 표현하며, 웃음치료사라는 전문업종이 있을 정도로 심신을 건강하게 만드는 효과가 있다는 것이 과학적으로 증명되고 있다.

뿐만 아니라 대인 관계를 부드럽게 만들고 정서적으로 마음을 즐겁게 만들며 우울한 마음의 상처를 회복시켜 준다.

웃음과 미소는 즐거운 마음에 의해 인지기능을 향상시키고 사람의 모습을 아름답고 예쁘게 변화시키며 심리적으로 마음을 편안하고 즐겁게 만들어 건강을 증진시킨다.

웃음의 효과를 증대하기 위해 웃음은 항상 크고, 즐겁고, 길게 웃고, 박장대소하며 배가 아프도록 웃어야 웃음의 효과가 최상으로 만들어진다.

일체의 비용 지출 없이 표정으로는 부드럽고 친절한 마음이 전해지고 소리로는 기쁘고 즐거운 마음을 쉽고도 편하게 전할 수 있는 것이 웃음과 미소의 소중한 가치이다.

과학적으로 증명된 웃음과 미소에 의해 심신에 발생하는 현상과 일상에 미치는 영향을 살펴본다.

웃음은 만병통치약이라고도 하며 의학적으로 효과가 있다는 것은 웃음 치료사에 의해 증명되고 있다.

웃음은 우울한 마음을 즐겁게 만들어 주고, 심신의 건강과 인지기능을 향상 시키며, 사람의 표정을 아름답게 변화시키고 인체의 면역 체계를 활성화 시켜 준다.

웃음과 미소는 불편한 마음의 상처를 치료해 주며 대인관계를 부드럽고 원활하게 만들어 준다.

웃음과 미소는 경직된 심신을 부드럽게 만들고 마음을 즐겁게 변화시키며 온화하고 화목한 환경을 만들어 준다.

이처럼 온화하고 화목하며 즐거운 환경을 만드는 웃음과 미소의 발생

형태를 살펴본다.

웃음과 미소의 형태는 즐거운 마음에 의해 자연스럽게 발생하는 웃음,

대중을 위한 공연과 연극을 하기 위한 인위적인 웃음,

정확한 원인은 알 수 없으나 병적으로 웃는 웃음,

소리 없이 눈과 얼굴의 표정만으로 표현하는 미소 짓는 웃음.

아무런 의미 없이 건성으로 웃는 헛웃음인 실소 등이 있다.

이러한 웃음과 미소에 의해 심신이 변화되는 현상과 일상에 미치는 영향을 살펴본다.

웃음과 미소를 원천적으로 숙고해 볼 때 웃음과 미소는 정신적인 반응으로 발생되는 것이기 때문에 표정의 변화만으로도 소통하는 의미가 전해진다.

때문에 목청의 울림소리 없이 표정으로 전달되는 미소에 의한 의사소통의 의미는 말과 글로써 표현하는 것 이상의 효과가 있을 수도 있다.

웃음은 말로 표현하지 않고도 자신의 의지만으로 의사소통의 의미를 진솔하고 부드럽게 전해질 수 있다.

웃음과 미소에는 상호소통을 위해 상대에게 전달하는 방법이 부드럽고 온화하며 친근감으로 인하여 긍정과 공감을 표시하는 의미가 내포되어 있다.

그리고 웃음과 미소는 기쁨, 즐거움, 만족감, 관심, 배려등과 같은 즐거운 마음과 긍정의 의미를 함께 전달하는 효과가 있다.

웃음과 미소는 외적으로나 심리적으로 사람마다 다소의 차이는 있지만 웃음과 미소가 지닌 의미는 순수하고 진실되며 전달되는 효과가 부드러우면서도 강하다.

깨닫는 마음의 환희(歡喜)

크게 소리 내며 즐거운 마음으로 웃을 때는 인체에 놀라운 변화가 일어난다는 것이 과학적으로 증명되었다.

평상시에 전혀 반응이 없던 인체의 호르몬 유전자가 활성화되고 엔도르핀, 다이엔도르핀, 도파민, 세로토닌과 같은 심신을 편안하고 즐겁게 만드는 유익한 호르몬이 인체에 생성된다.

이와 같은 유익한 호르몬의 작용에 의해 인체의 면역 체계가 활성화 되면서 현대인의 많은 병의 원인이 되는 스트레스를 해소시키며 치료해 주는 무형의 명약이다.

그리고 암세포 발생을 억제시키고 치료해 주는 효과와 인체의 면역체계에 미치는 영향이 대단히 크다고 한다.

이처럼 인체 내부에서 분비되는 유익한 호르몬이 심신에 미치는 영향과 작용은 부정적이고 좋지 못한 생각을 억제시키며 마음을 즐겁게 변화시켜 줌으로써 긍정적인 에너지를 증대시키고 활성화시켜 주는 작용을 한다.

어둡고 캄캄한 환경을 밝히기 위해서 빛이 필요하듯이 그늘지고 우울한 마음을 밝게 만들어 주며 즐거운 환경으로 변화시키는 작용을 하는 것이 웃음과 미소이다.

뿐만 아니라 정신적으로 우울했던 마음도 쾌적하고 즐겁게 변화시켜 준다.

그러나 같은 웃음과 미소이지만 웃음의 형태에 따라 미치는 영향이 많이 달라진다는 것을 직시해야 한다.

마음을 편하고 즐겁게 만들며 스트레스를 해소시키는 웃음은 즐겁고 기뻐서 입을 벌리고 크게 소리 내며 웃는 홍소와 부드럽고 아름답게 소리

없이 즐거운 표정으로 웃는 미소가 있다.

반면에 같은 웃음이라도 스트레스를 받게 하는 웃음과 미소도 있다.

이러한 웃음의 형태를 살펴보면 주어지는 환경이 너무도 어이가 없어 마지못해서 웃는 고소(苦笑),

상대를 폄하 하거나 흉을 보며 비웃는 조소(嘲笑),

쌀쌀하고 거만한 태도로 상대를 없인 여기며 웃는 냉소(冷笑),

어처구니가 없어서 자신도 모르게 웃는 실소(失笑),

즐거운 마음으로 입을 벌리고 떠들썩하며 크게 웃는 홍소(哄笑),

소리 없이 빙긋이 예쁘고 부드러운 모습을 짓는 미소(微笑) 등으로 구분해 본다.

이러한 웃음의 형태를 숙고해 볼 때 웃음이라고 모두가 유익하고 좋은 것만은 아니다.

서로에게 도움이 되며 즐거움을 주는 웃음의 형태는 홍소와 미소만이 심신을 즐겁고 유용하게 변화시키는 효력이 있다.

변할 것 같지 않던 무쇠도 관리를 잘못하면 녹이 슬어 쓸모없게 변하며 본래의 가치가 없어지듯 마음을 즐겁고 기쁘게 만들며 유익한 환경으로 변화시켜 주는 것이 웃음과 미소라고 하지만 웃음의 형태가 잘못 관리되는 조소, 냉소, 실소, 고소 등과 같은 것이 된다면 접해지는 환경을 더욱 그늘지며 우울하고 차갑고 싸늘하게 만들게 된다.

사람을 즐겁게 하는 것이 웃음이라 하지만 이러한 웃음은 웃지 아니함만 못하고 오히려 화를 자초하며 상호 간에 다툼의 원인이 되기도 한다.

즐겁게 웃는 웃음과 아름답게 표정 짓는 미소는 몸과 마음이 경직되고 긴장하고 있던 심신을 부드럽고 온화하게 만들어 주며 즐거운 환경으로

깨닫는 마음의 환희(歡喜)

변화시켜 주는 무형의 도구이며 근원이다.

비용과 돈을 들이지 않고 쉽게 할 수 있는 만병통치약과 같은 것이 웃음과 미소라고 하지만 긍정적인 생각과 웃으려는 마음가짐은 있어야 웃음이 만들어진다.

웃으려는 진솔한 생각과 마음이 따르지 않으면 즐겁고 유익한 웃음과 미소가 될 수 없다.

세상을 살아가며 웃을 일이 없어도 생각을 바꾸고 웃으려는 긍정적인 마음을 가짐으로써 자연스럽고 쉽게 웃음과 미소가 만들어지는 것이 이치이다.

마음을 부드럽고 즐겁고 기쁘게 만들어 주는 것이 웃음과 미소이기 때문에 웃고 미소 지으며 바라보는 세상은 모든 것이 아름답고 즐겁게 보인다.

가장 가치 있고 심신에 효과 있는 웃음과 미소를 위해서는 웃을 때는 언제나 즐거운 마음으로 기쁘게 박장대소하며 크고 길게 웃으며 물리적 정신적으로 심신에 전해지도록 마음까지 웃을 수 있어야 한다.

그리고 심리적으로 즐거운 생각을 하며 마음까지 웃고, 함께 웃고, 마음이 우울하고 힘들 때일수록 웃고, 웃을 일이 없더라도 억지로라도 웃어야 한다.

그럼으로써 웃음이 지닌 역량에 의해 심신의 건강을 증진 시키는 보약이 되며 즐겁고 행복한 일상을 만드는 근원이 된다.

새날의 아침을 맞아 즐겁고 상쾌한 웃음으로 하루를 시작하며, 심신이 힘들고 우울할 때 억지로라도 크게 웃음으로써 웃음의 효과를 최상으로 누릴 수 있는 환경이 만들어진다.

무엇을 하든 주어진 것을 원활하게 진행하기 위해서는 순서와 단계가 있듯이 일체의 비용 없이 누구나 쉽게 할 수 있는 것이 웃음이지만 웃음에도 순서와 단계가 있다.

웃음의 순서는 웃으려는 긍정적인 마음가짐이다.

그리고 웃음의 단계를 시작 단계, 중간 단계와 높은 단계로 구분해 본다.

웃음의 시작 단계는 웃고 싶지 않은데 억지의 웃음이라도 시작하는 수동적으로 웃는 웃음이다.

이것은 웃고 싶지 않은데 그냥 웃는 척하는 것이다.

아무리 시작 단계인 억지웃음이지만 웃으려는 생각과 마음 없이는 즐겁게 웃을 수가 없다는 것을 알아야 한다.

중간 단계의 웃음은 얼굴의 표정변화와 즐거운 마음이 자연스럽게 조화되며 움직이는 능동적인 웃음이다.

웃을 일이 없어도 즐겁게 웃어 보자는 생각을 함으로써 마음에 즐거운 감정이 움직이며 자연스럽게 즐거운 웃음이 된다.

웃는 얼굴에 침 못 뱉는다는 속담이 있듯이 얼굴에 침을 뱉을 수 없을 정도의 환한 미소를 머금고 즐겁게 웃는 웃음이 중간단계의 웃음이다.

밝고 환한 얼굴에 웃음과 미소를 지니고 있는 사람은 마음이 부드럽고 친근감이 외부로 표출되는 좋은 이미지에 의해 많은 사람들로부터 환심을 받게 된다.

부드럽고 친절하게 미소 짓고 즐겁게 웃는 사람은 언제나 생각이 긍정적이고 상대에게 호감을 주며 접해 있는 환경을 부드럽게 동화시키는 능력이 있다.

높은 단계의 웃음은 크고 길게 파안대소하며 즐겁고 기쁘게 크게 소리내며 웃는 웃음이다.

깨닫는 마음의 환희(歡喜)

높은 단계의 웃음은 어굴 표정이 밝고 환하며 즐겁고 기쁜 감정으로 파안대소하며 크게 소리를 내며 손뼉을 치고 발을 구르며 배를 움켜잡고 숨이 넘어갈 듯 웃는 웃음으로써 심신의 건강에 가장 효과가 있다.

의학적인 데이터(Data)에 의하면 사람의 몸은 45%가 근육이며 650여 개로 구성된 근육을 가지고 있다고 한다.

이중에서 230여 개의 근육이 파안대소하며 웃는 동안에 동시에 움직인다고 한다.

때문에 파안대소하며 한 번 즐겁게 웃는 웃음은 에어로빅을 5분 동안 하는 운동 효과가 있을 정도의 에너지가 소모된다고 한다.

이처럼 웃음의 높은 단계인 파안대소하는 웃음은 마음을 즐겁게 할 뿐만 아니라 육체적 정신적인 운동으로 직결되며 심신을 건강하게 증진시키는 효과가 있다.

중간 단계나 높은 단계의 웃음이 진행되는 동안에는 물리적 심리적으로 근심걱정 때문에 고민하며 불평불만을 토로할 여유와 시간이 없어진다.

그리고 웃고 미소 지으며 즐기는 마음은 불평불만이나 근심과 걱정을 없애주고 치유해 주는 명약이며 지치고 힘든 심신을 즐겁게 변화시키고 안식의 시간도 만들어 준다.

사람이 가장 아름답고 예쁘게 보여질 때가 환하게 미소 지으며 즐겁게 웃는 모습이라고 한다.

때문에 상을 찡그리고 있는 미녀의 모습보다 웃고 미소 짓는 추녀의 모습이 더 아름답고 예쁘다고 한다.

웃음소리를 살펴보면 같은 웃음이지만 웃음소리를 다양하게 표현하고 있다.

같은 웃음소리라도 웃고 있는 사람의 성별과 연령에 따라 웃음소리를 다르게 표현하는 것을 살펴본다.

일반적으로 남성의 웃음소리는 허허(her her), 여성의 웃음소리는 히히(he he), 바람둥이의 웃음소리는 걸걸(girl girl), 노년의 웃음소리는 호호(好好)라고 표현한다.

웃음소리를 유머하게 표현한 것이지만 나름대로 의미 있는 표현이라고 긍정하며 한번 직접 웃어 보시라!

접해지는 환경에 따라서 말로 표현하기 어렵고 곤란한 경우 상대에게 말 대신 웃음과 미소로 의사전달을 대신할 수 있는 제2의 언어이기도 하다.

그리고 웃음과 미소로 전달되는 의사소통의 의미는 긍정과 동감의 표시이기도 하다.

접해지는 환경과 경우에 따라서 웃음과 미소가 가지는 의사소통의 효과는 말보다 더 좋을 수도 있고 긍정적이며 더 크게 작용될 수 있다.

세상에 존재하는 생물 중에서 만물의 영장인 인간 외에는 즐겁고 기쁜 감정에 의해 웃고 미소 짓는 생물은 없다.

흔히들 소가 웃을 일이라고 표현하지만 이것은 그렇지 않다는 부정적인 의미가 강한 것이며 동물이 웃는다는 것은 사람이 그렇게 보고 느끼는 것일 뿐이다.

그럼으로 신이 인간에게 베푼 웃음과 미소는 사람만이 가지고 있는 소중한 신의 선물임에 틀림없다.

웃음을 일상생활에 접목하여 공감케 하는 많은 사자성어 중에서도 일소일소(一笑一少), 일노일노(一怒一老)에 담긴 깊은 의미를 마음에 새기며 음미해 본다.

깨닫는 마음의 환희(歡喜)

미소 짓고 웃으면 즐겁고 기쁜 마음으로 인해 만들어지는 쾌적한 정신 활동에 의해 인지기능이 향상되며 생각과 판단에 활력이 있고 심신을 젊어지게 한다.

그러나 화가 나면 분노하는 격한 감정에 의해 심신이 경직됨으로 인하여 생각과 판단이 흐려지고 둔화되기 때문에 마음이 불편하고 스트레스에 의해 심신에 나쁜 영향을 미치게 된다.

스트레스는 마음을 그늘지고 우울하며 경직되게 만들 뿐만 아니라 올바른 사고로 판단하는 것을 흐리게 하며 활동을 둔화시킴으로써 심신을 늙어지게 한다.

그럼으로 웃으면 젊어지고 화를 내면 늙어진다는 것이다.

참으로 가치 있고 멋진 사자성어라 생각되며 웃음과 미소를 더욱 찬미하고 싶다.

웃으면 젊어지고 화내면 늙어진다는 긍정적인 사고로 웃음과 미소에 의해 형성되는 소중한 가치를 마음에 깊이 새기며 실천해 본다.

사람의 인품과 감정은 힘들 때 우는 것은 3류이며, 참고 견디는 것은 2류이고, 힘들 때 웃는 것은 1류라는 마음가짐으로 웃음과 미소의 소중한 가치를 마음에 수용하며 찬미한다.

언제나 싱그럽고 즐거운 생각과 판단으로 활기 있게 활동한다는 것은 젊음의 상징이며 남녀노소를 막론하고 모두가 기대하고 바라는 희망이다.

얼굴을 찡그리고 화를 내며 상대에게 불쾌감을 주면서 자신이 늙어지는 추하고 험한 모습을 스스로 상상해 보시라!

만약에 이러한 인생을 살아간다는 것을 상상해 볼 때 얼마나 못난 인생을 살아가고 있는 것인지 끔찍할 뿐이다.

일체의 비용 없이 마음을 즐겁고 기쁘게 만들어 주는 웃음과 미소의 역량으로 삶의 환경을 쾌적하고 즐겁게 만들 수 있고 주어지는 일상을 가치 있고 행복하게 변화시킬 수 있다는 것을 진솔하게 깨닫고 뉘우치는 마음으로 웃음을 찬미하며 실천하자.

아침의 첫 웃음은 심신을 건강하게 만들어 줄 뿐만 아니라 하루를 화목하고 즐거운 환경으로 만들어 주는 동력이 되며, 저녁의 웃음은 하루의 피로를 풀어 주는 회복제이다.

농공 시대와 아날로그 시대가 추억으로 묻히고 디지털 시대를 넘어 AI 시대를 누리는 현실을 직시하며 각박함 속에 아름답고 순박하며 즐거운 웃음이 점점 멀어져 가는 것 같아 많이 아쉽다.

인간미 넘쳐흐르는 진솔하고 순수하며 소박한 마음에 따뜻한 정과 즐거움을 조건 없이 무상으로 제공해 주며 일상을 즐겁게 만들어 주는 웃음과 미소에 대해 찬미한다는 것은 아무리 강조해도 부족한 것 같다.

건강한 몸과 즐거운 마음으로 주어진 것을 성실하게 실천하고 행복한 하루하루를 이어 가며 복되고 가치 있는 일상을 만들어 주는 웃음과 미소를 마음껏 누리는 주인공이 되어 보시라!

웃을수록 즐겁고, 웃을수록 심신이 건강해지며, 웃을수록 풍요로운 환경이 만들어지며, 웃을수록 행복해진다는 것을 긍정하며 마음에 새긴다.

웃음과 미소가 얼마나 소중한 인생 여정의 보물이며 가치 있는 무형의 재산인가!

웃음과 미소로 만들어지는 환경을 마음껏 누리는 일상을 만들기 위해 웃음과 미소를 찬미하는 즐거운 마음으로 새날의 상쾌한 아침을 열고,

낮 동안의 웃음으로 대인관계와 업무를 즐겁게 수행하며 활기차게 활

깨닫는 마음의 환희(歡喜)

동하는 환경을 만들며,

저녁의 웃음과 미소로 보람된 하루를 마무리하고 피로를 풀며 가화만사성의 환경을 만듦으로써 즐겁고 행복한 일상은 자연스럽게 만들어진다.

웃음과 미소가 지니고 있는 마력으로 건강을 증진시키며, 심신의 보약인 웃음과 미소로 행복한 삶의 근원을 만들고,

긍정적인 사고로 웃음과 미소를 찬미하는 마음을 가지자.

그리고 긍정적인 생각과 관심을 가지고 적시적소에 활용하면 할수록 마음이 즐겁고 편한 일상을 만들어 주는 웃음과 미소를 찬미하는 마음을 가지는 것은 인생 여정을 풍요롭고 즐겁고 행복하게 만드는 근원이며 소중한 무형의 재산이다.

8-1. 웃음과 미소의 마력(魔力)

삶의 여정을 통하여 긍정적인 생각만으로 누구나 쉽고 편하게 마음을 즐겁게 변화시켜 주는 것이 바로 웃음과 미소의 마력(魔力)이다.

변화무쌍한 인공지능 시대를 향유하는 사람들의 생활 환경이 웃음과 미소의 마력에 대해 별로 관심이 없고 신경을 쓰지 않는 것 같아 많은 아쉬움을 가진다.

웃음과 미소를 찬미하는 마음으로 웃음과 미소의 마력에 의해 만들어지는 다양한 현상과 미치는 영향을 살펴본다.

웃음과 미소는 즐겁고 상쾌한 정신활동과 심신의 건강관리를 위해 병의 발생 원인이 되는 스트레스를 해소하는 데 대단히 유익한 효과가 있다.

이러한 것을 입증하는 웃음치료사라는 전문직종이 존재하고 있는 것이 현실이다.

아무런 조건과 비용지출 없이 생각과 마음만으로 할 수 있는 웃음과 미소는 접해지는 환경을 부드럽고 즐겁게 변화시키는 보이지 않는 역량과 마력이 잠재되어 있다.

사람의 마음을 평온하고 부드럽게 변화시켜 주며 상대에게 전해지는 이미지가 온화하고 친절한 모습으로 보여지게 됨으로써 대인관계를 편안하고 친밀하게 만들어 준다.

긍정과 공감의 표시, 부드러움과 친근감의 표현, 부정적인 것을 긍정적으로 변화시키는 능력 등의 역량은 웃음과 미소의 마력에 의해 자연스럽게 만들어지는 현상이다.

웃음과 미소는 초조하고 긴장했던 마음을 편안하고 여유롭게 변화시키

깨닫는 마음의 환희(歡喜)

고 근심과 걱정을 없애 주며 부드럽고 따뜻하며 즐거운 감정을 만들어 주는 동력이다.

그리고 웃음과 미소는 마음을 즐겁게 만들어 줌으로써 심신의 스트레스가 해소되며 자연스럽게 심신의 건강을 증진시켜 준다.

진정한 심신의 안식시간은 근심과 걱정 없이 편하고 즐겁고 기쁜 마음으로 환하게 웃고 미소 지을 때이다.

마음이 어둡고 힘이 들수록 웃음으로써 피로가 풀리고 마음이 안정되며 편해진다.

그리고 마음이 즐거워지기 때문에 웃음과 미소가 많아질수록 접해지는 환경이 편하고 즐겁게 변화된다.

이처럼 즐겁게 웃고 미소 지음으로써 마음이 편하고 여유로우며 행복해진다는 것을 알면서도 실천하지 않으며 즐겁고 행복하기를 바라는 것은 물병을 손에 들고 있으면서 갈증으로 힘들어하는 것과 다름없다.

긍정적인 사고와 웃고자 하는 마음만으로 언제나 편하고 쉽게 할 수 있는 것이 웃음과 미소라는 것에는 당신도 동의하며 쉽게 웃음과 미소를 이행할 수 있을 것이다.

지금 직접 즐겁게 웃는 것을 실천해 보는 기회를 가져 보며 경험해 보시면 어떨까요!

세상에 실천 없이 되는 것은 아무것도 없으며 실천 없이 이루어지기를 바라는 것은 교만이고 망상이며 허망한 꿈일 뿐이다.

당신이 접하고 있는 환경이 화목하지 못하다면 지금 즐거운 마음으로 환하게 웃어 봄으로써 부드럽고 화목한 환경으로 변화되는 것을 체험해 볼 수 있을 것이다.

복잡하고 어려운 것을 인공지능(AI)으로 해결하는 시대라고 하지만 웃음과 미소가 가지는 마력을 대신할 수는 없다.

가화만사성(家和萬事成)과 소문만복래(笑門萬福來)에 담긴 의미를 진솔하게 이해하며 마음에 수용함으로써 웃음과 미소의 마력에 대한 혜택을 누리게 될 것이다.

웃음과 미소를 누리는 즐겁고 화목한 가정은 덕과 복이 가득한 좋은 환경으로 변화되며, 변화된 좋은 환경에서 모든 것이 잘 이루어지게 되는 것은 만사의 이치이며 순리이다.

그리고 웃으면 복이 온다는 것은 선현과 선각자로부터 전해지는 인생사의 소중한 가르침이다.

그럼으로 웃음이 있는 가정은 행복이 들여다보고 다툼이 있는 가정은 불행이 들여다본다고 하듯이 웃음과 미소는 행복을 부르는 신호이고, 고함소리는 행복을 쫓아 버리며 불행을 부르는 신호라는 것을 깨닫고 마음에 새긴다.

즐겁고 환하게 웃는 웃음과 미소는 닫혀 있는 마음의 문을 열게 할 뿐만 아니라 상대로부터 긍정적인 마음을 이끌어 내며, 요청하는 것을 상대가 수용할 수 있게 변화시켜 주는 보이지 않는 능력이 바로 웃음의 마력에 의해 만들어진다.

자연의 꽃은 번식을 위해 꿀과 향기로 나비와 벌을 불러들이지만 사람은 환한 웃음과 아름다운 미소로 상대의 마음을 열게 하며 긍정의 공감대를 만들게 된다.

근심과 걱정이 많아 머리가 무겁고 마음이 복잡할 때는 잠시 심신을 가다듬고 묵상을 하며, 웃음과 미소가 지닌 마력을 활용하며 마음을 조용히

깨닫는 마음의 환희(歡喜)

보듬고 다스리는 시간을 가진다.

그리고 부드럽고 편한 마음으로 얼굴에 미소 지으며 큰 소리로 즐겁게 "허허, 하하, 호호, 히히 하고 웃으며 참 기분이 좋다."라는 긍정적인 생각으로 마음을 보듬는다.

그럼으로써 마음을 힘들게 하며 자신을 괴롭히던 걱정과 근심이 다스려지며 웃음과 미소에 의해 인체에 만들어지는 유용한 호르몬의 작용으로 마음이 즐겁게 변하며 스트레스가 사라진다.

예쁜 미소와 즐겁고 상쾌하게 웃는 웃음은 좋은 감정을 만들 뿐만 아니라 걱정과 근심으로 꽉 차 답답했던 마음을 시원하고 편하게 만들어 주며 심신의 피로를 회복시켜 주고 몸과 마음의 건강을 증진시켜 준다.

이처럼 웃음과 미소의 마력에 의해 정신적으로 힘들어하는 당신의 마음을 풀어 주고 즐겁게 변화시킬 수 있는 방법이 바로 당신의 머리와 마음에 자리하고 있다.

무엇이든 바라는 것이 있다면 공짜를 바라지 말고, 아무리 작고 쉬운 것이라도 원하는 것을 위해 성실하게 실천함으로써 성취할 수 있는 것이 만사의 이치이며 순리이다.

어떤 현상이 발생하는지 지금 직접 웃어 보시라!

대부분의 사람들은 즐겁고 기분이 좋아지게 큰소리로 웃어 보라고 하면 부정적인 성격의 소유자는 "웃을 일이 있어야 웃지요!"라고 하며 바로 부정적으로 답한다.

그리고 울어도 시원치 않은데 어떻게 실없이 웃습니까? 라고 반응한다.

목적과 목표를 가지고 즐겁게 웃는 웃음과 미소는 절대 실없는 것이 아니다.

아무리 많이 배우고 훌륭해도 긍정적인 마음으로 웃음을 실천하지 않은 사람은 웃음의 마력을 이해하지도 못하고 음미할 수도 없다.

웃음과 미소의 마력을 이해하고 활용하며 일상을 살아가는 사람만큼 웃음의 효과에 대한 정답을 잘 아는 사람은 없다.

현재 존재하고 있는 웃음치료사라는 전문 직종은 그냥 하늘에서 떨어진 것이 아니며 실제로 병을 치유하고 건강을 증진시켜 주는 것이 의학적으로 인정된 전문직종이다.

즐거운 웃음과 미소는 심신의 건강에 대단히 유익한 효과가 있으며 심신의 건강증진에 도움을 준다는 것이 의학적으로 증명되었다는 것을 강조한다.

웃음과 미소는 기분이 좋아서 웃고 미소 지을 수도 있지만, 역설적으로 웃음으로써 기분이 좋아지는 현상이 만들어진다.

그럼으로 행복해서 웃는 것이 아니라 행복을 생각하며 웃음으로써 더욱 행복해질 수 있다는 것을 알아야 한다.

그리고 즐겁게 웃음으로써 즐거운 일이 생기며, 행복을 생각함으로써 행복한 마음으로 변하게 되는 것이 심신이 변화되는 인체의 리듬이다.

이러한 논리는 웃음과 미소의 마력을 긍정적으로 생각하고 마음에 수용함으로써 쉽고도 자연스럽게 이해되고 터득된다.

웃음과 미소는 인간만이 가지고 있는 가장 아름다운 소리이며 사람을 즐겁고 예쁜 모습으로 변화시키는 최상의 미용제이다.

복잡하고 바쁜 생활에 지치고 힘이 들어 웃을 일이 없더라도 긍정적인 마음으로 입의 양 꼬리를 위로 살짝 올리며 미소 짓겠다는 생각을 해 보시라!

깨닫는 마음의 환희(歡喜)

자연스럽게 입의 양 꼬리와 얼굴의 근육이 잔잔하게 움직이며 미소 짓는 감각이 느껴진다.

그리고 작은 미소가 작은 웃음으로 변하고 더 큰 웃음으로 바뀌며 지치고 힘들었던 마음이 편하고 즐겁게 변화되는 현상이 만들어진다.

이처럼 변화되는 현상에 의해 얼굴이 웃고, 감정이 웃고, 목청이 웃고, 마음이 웃고, 점점 즐겁게 웃는 환경으로 바뀌며 웃음의 시너지 효과에 의해 더 크고 즐겁게 소리 내며 웃는 웃음으로 변하는 것이 웃음의 흐름이다.

일상생활을 미소와 웃음이 함께하는 것이 체질화되고 습관화 되면 어렵고 힘든 환경을 접해도 잘 해결하는 긍정적이고 능동적인 성격의 소유자로 변한다.

웃음과 미소는 자신을 외워 싸고 있는 주변의 험하고 좋지 못한 에너지를 부드럽고 유익한 에너지로 변화시키는 마력과 즐거운 에너지를 빠르게 전파하는 역량이 있다.

웃음과 미소에 의해 발생되는 유익한 에너지는 받는 사람의 마음을 부드럽고 친밀하게 만든다.

웃음과 미소는 남에게 주면서도 주는 것만큼 비워지는 것이 아니라 더 많은 즐거움이 채워지며 상대의 마음을 즐겁고 부드럽게 만들어 주는 아름다운 음덕을 지니고 있다.

웃음과 미소는 전해지는 시간은 짧고 순간일 수 있으나 전달 받는 사람에게는 여운이 길게 마음에 남겨질 수도 있다.

웃음과 미소의 마력은 삶과 생명의 산실인 가정을 화목하고 행복하게 만들어 주고 대인관계를 부드럽고 친밀한 환경으로 변화시키며 상대에게는 신뢰를 두텁게 만드는 기회가 된다.

그리고 연인에게는 곱고 예쁜 사랑의 꽃을 피우게 하고, 친구에게는 정겹고 아름다운 우정을 더욱 두텁게 하는 근원을 만든다.

날씨가 흐리고 비가 오는 날 밝은 햇살과 맑은 하늘이 비를 멈추게 하고 날씨를 쾌청하게 변화시켜 주듯이 우울하고, 슬프고, 힘들고, 지칠 때 차가워진 마음을 따뜻하고 즐겁게 만들어 주는 것이 웃음과 아름다운 미소이다.

웃고 즐길 수 있는 마음을 누군가에게 전달해 주는 것을 실천함으로써 소문만복래(笑門萬福來)의 환경을 누릴 수 있게 만들어 주는 전염성이 강한 것이 웃음과 미소의 마력이다.

웃음과 미소의 마력은 혼자 가지는 것보다 누군가에게 나누어주며 전달됨으로써 그것을 전해 받는 사람의 마음을 부드럽고 친절하게 만들어 주며 주위로 전파되는 시너지효과로 인하여 즐거움을 함께 누릴 수 있고 평화로운 환경이 만들어진다.

바다는 메울 수 있어도 사람의 욕심은 채울 수 없다는 말이 있지만 웃음과 미소는 사람의 욕심을 즐거운 마음으로 변화시키며 바라는 만큼 즐거움을 가득히 채워 주는 마력이 있다.

씨앗은 따사로운 봄에 흙과 물을 만나야 싹이 트고 자라 꽃을 피울 수 있는 것이 순리이듯이 웃음과 미소는 부드럽고 따뜻하며 정겹게 포용하는 웃음과 미소의 마력에 의해 더욱 즐겁고 행복해진다.

마음이 우울하고 슬프며 힘들고 지칠 때 인자하신 어머니의 웃는 모습과 불안하고 초조할 때 아버지의 믿음직스런 미소와 웃는 모습을 상상해 보시라!

깨닫는 마음의 환희(歡喜)

순간순간 이지만 환한 웃음과 아름다운 미소는 마음을 따뜻하게 감싸주며 행복한 환경을 만들며 즐거움을 샘솟게 한다.

긍정적인 생각과 의지만으로 쉽고 편하게 할 수 있는 웃음과 미소의 마력은 화나고 격한 감정을 부드럽고 온화하게 변화시켜 주는 역량과 능력이 있다.

때문에 마음이 힘들며 슬프거나 격할 때 마음을 즐겁고 온화하게 변화시키기 위해 억지로라도 웃어 보라고 하는 것이다.

억지웃음이 변하여 즐거운 웃음을 만들며 즐겁게 변화된 웃음에 의해 좋아서 웃고, 즐거워서 웃고, 만족해서 웃는 웃음으로 변화되며 마음까지 웃게 됨으로써 마음이 즐겁고 편하며 여유로워진다.

기분이 좋지 않고, 마음이 그늘지고 우울할 때, 심신을 상하지 않게 하기 위해서라도 억지웃음이라도 웃어야 웃을 일이 생기며, 힘들고 지친 몸과 마음의 휴식을 취할 수 있고 여유와 즐거움을 가질 수 있게 마음이 변화된다.

행복은 건강한 심신으로 여유롭고 즐거운 마음을 누리는 것이고 불행은 냉철하게 버리는 것이 되어야 한다.

편하고 즐겁고 기쁘게 웃음으로써 건강한 심신으로 행복을 누릴 수 있고, 행복을 누리는 환경으로 변화됨으로써 불행한 감정과 환경은 자연스럽게 소멸된다.

때문에 웃음과 미소를 멀리하면서도 행복해지려는 사람은 위선이고 망상이며 허상일 뿐이다.

웃음과 미소는 항상 가까이하며 웃고 즐길 때만이 소중한 가치가 형성되며 행복해진다는 것을 긍정하는 마음에 새기자.

즐거운 웃음과 미소에 담기는 의미를 살펴보면, 즐겁게 웃는 웃음과 아름다운 미소는 상대에게 당신을 좋아하고 사랑하며 당신을 만나 정말 반갑고 마음이 즐겁고 기쁘다는 표현이다.

그리고 모든 것이 당신 덕분이라는 감사하는 마음과 긍정을 표시하는 의미가 담겨 있다.

즐거운 마음에 행복한 감정을 만들기 위해서는 주어지는 여건과 환경도 있겠지만 더욱 중요한 것은 언제나 자신의 의지만으로 할 수 있는 웃음과 미소로 즐겁고 만족스런 감정을 마음에 유지하며 존속시키는 것이다.

행복을 원한다면 먼저 긍정적으로 생각하는 마음에 즐겁고 행복한 감정을 만들어 주는 웃음과 미소의 마력을 유용하게 활용함으로써 즐거움과 행복을 누리는 주인공이 된다.

깨닫는 마음의 환희(歡喜)

8-2. 웃음과 미소는 심신(心身)의 보약(補藥)

AI 시대를 살아가며 일체의 비용과 조건 없이 편리하고도 쉽게 마음을 즐겁게 변화시키며 심신의 건강을 증진시킬 수 있는 것이 누구나 쉽게 할 수 있는 웃음과 미소이다.

얼마나 편리하고 쉽게 할 수 있을까!

직접 실천해 봄으로써 일체의 비용 없이 쉽고도 편하게 할 수 있다는 것을 실감하며 체험할 수 있고 마음이 즐거워지는 것을 직접 느낄 수 있을 것이다.

긍정적인 생각과 의지만으로 쉽게 할 수 있는 것이 웃음과 미소이며 마음을 온화하고 즐겁게 변화시키는 무형의 재산이다.

웃음과 미소가 만들어 주는 즐거운 마음으로 얼굴을 펴면 모습이 좋아지고 즐거운 마음을 가지면 일상이 편하고 행복해진다.

그리고 웃음과 미소는 마음을 즐겁고 편하게 변화시키고 건강을 해치는 스트레스를 해소시키며 면역력을 키워 주고 심신의 건강을 증진 시키는 효과가 대단히 크다.

많은 경비를 지출하며 이것저것 힘들게 조건을 맞추어 가며 먹고 마시며 건강을 증진하는 것만이 보약이 아니다.

건강한 심신은 육체적으로나 정신적으로 안정되고 편하게 일상의 활동을 활기 있게 하는 데 지장이 없는 심신의 상태를 유지하는 근본 바탕이며 기준이다.

몸과 마음의 건강상태를 안정되게 유지하기 위해서 심신의 기능을 향상시키며 병에 대한 면역력을 키워 주고 인지능력을 증진시켜 주는 역할을 할 수 있는 효과가 있다면 이것이 바로 보약이라고 하는 데 이의 없이 당신도 동의할 것이다.

심신의 건강은 육체적인 체력관리도 중요하지만 정신적인 마음의 건강 관리를 소홀히 해서는 건강한 심신을 유지하지 못한다.

컴퓨터의 하드웨어와 소프트웨어는 상호 절대적인 보완관계가 있기 때문에 서로 떼어 놓고 생각할 수가 없듯이 사람도 몸과 마음을 떼어놓고 정상적인 심신의 건강 상태를 생각할 수 없다.

사람의 몸이 컴퓨터의 하드웨어라면 마음과 정신은 컴퓨터의 소프트웨어와 같은 것이다.

한순간이라도 육체적인 건강과 정신적인 건강을 따로 떼어놓고 생각한다는 것은 대단히 잘못된 것이며 존재할 수가 없다.

웃음과 미소는 정신적 육체적으로 경직되어 있는 생각과 지치고 힘든 몸과 마음을 온화하고 즐겁게 변화시켜 주는 역할을 한다.

심신을 강건하게 유지하기 위해 긍정적인 사고로 즐거운 마음을 가짐으로써 건강한 육체에 건전한 정신이 깃들 수 있는 환경이 만들어진다.

웃음과 미소가 심신에 미치는 영향과 웃음과 미소에 의해 변화되는 현상을 살펴본다.

즐겁게 박장대소할 때의 웃음은 심장의 움직임이 격렬해짐에 의해 혈액순환을 증진시키는 영향으로 심근을 강화시켜 준다.

큰 웃음소리를 내며 자지러지게 배를 움켜쥐고 웃을 때 배가 아픔을 느끼게 된다.

이것은 크게 소리 내어 웃는 웃음을 통해 오장육부의 한 부분인 복부의 근육에 자극이 있었다는 증거이다.

깨닫는 마음의 환희(歡喜)

때문에 박장대소하며 크게 웃는 웃음은 심장과 복부근육뿐만 아니라 오장육부의 근육을 자극함으로써 인체에 저장된 칼로리를 소모시키는 역할을 함으로써 다이어트의 효과도 있다.

이처럼 웃음과 미소는 보이지는 않지만 육체적 정신적으로 심신의 건강을 증진시키며 마음을 즐겁고 유익하게 만들어 준다.

거듭 표현하는 것이지만 일소일소(一笑一少), 일노일노(一怒一老)라는 의미가 얼마나 가치 있고 멋지며 일상을 살아가며 쉽게 실행할 수 있는 것인가를 숙고해 본다.

웃으면 젊어지고 화를 내면 늙어진다는 것이 얼마나 멋지고 소중한 배움인가!

즐겁게 웃고 미소 짓는 것이 실천하기 쉽고 심신에 유익하다는 것을 알면서도 이행하지 않으면서 젊어지겠다고 많은 비용을 지출하며 보약을 먹는 것이 사람들의 보편적인 실상이다.

그리고 보약을 먹으며 미용주사를 맞고 성형 수술을 하는 것만을 고집하며 선택하는 실상이 많이 아쉽다.

심신의 건강 증진을 위해 많은 비용을 들여 가며 먹고 마시는 보약보다 일체의 경비지출 없이 할 수 있는 즐겁게 웃고 아름답게 미소 짓는 것부터 실천해 보시는 것이 어떠하신가!

어려운 역경과 환경이 접해지는 경우 심리적으로 마음이 긴장되고 경직됨으로 매사를 진행하는 데 더욱 힘이 들고 심신에 나쁜 영향이 미치기 때문에 건강에 매우 해롭다.

심신이 긴장되고 경직된 사고를 가지게 되면 몸이 더 피곤하고 이해력이 떨어지며 편협된 생각과 편견에 의해 아집이 생기며 마음이 그늘지고 화가 쉽게 난다.

이러한 때는 웃음과 미소가 지니고 있는 마음을 즐겁게 만드는 능력을 활용하여 화나고 격한 감정을 온화하고 부드럽게 변화시키는 마음가짐이 필요하다.

즐거운 웃음과 미소에 의해 인체에서 쾌락의 호르몬인 포타민과 감정을 조절하는 세로토닌, 엔도르핀, 다이돌핀이 체내에 생성된다는 것은 과학적으로 증명된 것이다.

인생 여정에서 상호 간에 문제가 발생한 경우 서로가 자기주장이 옳다고 하기 전에 꼭 필요한 것이 있다.

웃음과 미소를 앞세우고 넓은 아량과 배려하는 마음으로 발생된 문제에 대해 나는 옳고 너는 틀렸다는 사고에 앞서 서로가 틀린 것이 아니라 생각이 다르고 이해관계가 다를 수 있다는 것을 먼저 생각해야 한다.

일상에서 많이 발생하는 다툼의 원인을 숙고해 보면, 나만 옳고 상대는 틀렸다는 생각과 판단에서 시작된다.

때문에 서로가 틀인 것이 아니라 서로의 생각과 판단이 다를 뿐이다라는 것을 인식하고 자신을 돌아보는 기회를 가져야 한다.

서로 다름을 인정하는 마음으로 배려하며 화목을 근간으로 얽혀진 문제에 접근함으로써 자신을 힘들게 하던 생각이 변화되며 편한 마음으로 좋은 결과를 도출할 수 있다.

그리고 힘들고 경직되었던 생각을 웃음과 미소로 여유롭고 즐겁게 변화시킴으로써 마음이 편해지며 스트레스가 해소됨으로써 심신의 건강을 증진하는 효과가 있다.

일상을 살아가며 누구나 건강에 대한 좋은 방법과 비결은 나름대로 가

깨닫는 마음의 환희(歡喜)

지고 있겠지만 더욱 편하고 쉽게 할 수 있는 방법이 즐겁게 웃는 웃음과 아름다운 미소라는 것을 수용하고 실천함으로써 당신의 마음은 편하고 즐거워지며 심신의 건강은 더욱 증진될 것이다.

사람이 웃기 시작하는 바로 그 순간부터 웃는 감정이 대뇌에 전달되며 기분을 좋게 하고 마음을 즐겁게 만들어 주는 유익한 호르몬이 인체에 생성되며 이로 인해 심신의 건강을 증진시킨다.

엔도르핀과 토파민은 동식물에 존재하는 아미노산의 하나로서 뇌신경 세포에 흥분된 감정을 전달하여 즐거운 감정을 만들어 주는 효과가 있다는 것이 의학적으로 증명된 것이다.

이러한 의학적 근거에 의해 즐겁게 웃는 웃음과 미소는 마음의 상처나 스트레스를 해소시켜 주는 명약이며 심신을 건강하게 만드는 보약이라 하지 않을 수 없다.

누구나 일이 뜻대로 되지 않으면 스트레스를 받게 되기 때문에 기분이 좋지 않게 변할 뿐만 아니라 마음이 불편하고 초조해지고 이해력과 판단력이 둔해짐으로 인해 문제가 발생하기 쉽다.

그리고 화가 나고 감정이 격해짐에 따라 마음에 불평불만이 생기고, 생각이 부정적으로 변하고, 얼굴을 붉히며 찡그리게 되고, 표현하는 음성은 점점 커지며 행동은 거칠게 변화된다.

얼굴 붉히며 찡그리고 불평불만 한다고 뜻대로 되지 않던 일이 잘될 수 없으며, 화내고 크게 소리친다고 안 되던 것이 잘되는 것은 결코 아니다.

역정 내며 소리칠수록 문제는 더욱 심각해지고 잘될 수 있는 것도 오히려 되지 않는다는 것은 불을 보듯 분명하다.

만약에 화내고 소리친다고, 찡그리고 운다고, 역정 내며 불평불만 한다고 되지 않던 것이 해결된다면 밤낮을 가리지 않고 그렇게 할 수 있을까! 숙고하며 추리해 본다.

잘되지도 않겠지만 생각만 해도 상상하기 힘들며 끔찍한 환경이 벌어질 것이다.

그리고 심신의 건강만 나빠지고 인간의 수명에 좋지 못한 영향이 미칠 것은 분명하다.

환경이 어려울수록 조용하게 사고하며 생각을 가다듬고 즐거운 웃음과 미소로 마음을 온화하고 부드럽게 변화시켜야 한다.

그럼으로써 불편하고 싸늘했던 마음이 따뜻하고 부드러워지며 친절하고 정감이 흐르는 환경으로 변화된다.

그러나 웃음과 미소는 스스로 웃고 미소 짓고자 하는 긍정적인 생각 없이는 즐거운 웃음과 미소가 만들어지지 않는다는 것을 직시해야 한다.

어려운 환경이 접해질수록 웃음과 미소의 역량으로 마음을 보듬고 생각을 다듬으면 온화하고 긍정적이며 즐거운 환경으로 변화되는 것이 순리이다.

그리고 즐겁고 행복해서 웃는 것이 아니라 웃으니까 즐겁고 행복해지더라는 것을 마음에 새기며 긍정적인 사고로 즐겁게 웃으면 자연스럽게 마음이 편해지고 여유로워진다.

웃음의 효과를 가장 쉽고 편하게 테스트해 볼 수 있는 간단한 방법을 권해 본다.

번잡하고 바쁜 시간 혼자서 운전할 때 피곤하여 졸음이 오고 정신이 흐려지면 크게 소리 내어 웃음으로써 졸음이 없어지며 정신이 맑아지는 것을 경험해 보시라!

깨닫는 마음의 환희(歡喜)

이유 없이 마음이 답답하며 무겁고 짜증이 날 때 혼자만의 공간에서 미친 듯이 "아! 즐겁다."라고 소리치며 크게 웃어 보시라!

답답하고 우울했던 마음이 여름날 아침 강가의 물안개 거치듯이 사라지며 답답한 마음이 시원하게 변화될 것이다.

즐겁게 웃는 웃음으로 인해 인체에서 생성되는 엔도르핀은 저항력을 담당하는 세포들을 자극하여 면역력을 증가시키며 심신의 건강을 강건하게 증진시키는 효과가 있다.

면역력이 증가됨으로 병을 발생시키는 좋지 못한 미생물의 활동을 억제시키고 몸과 마음을 더욱 튼튼하고 건강하게 유지시키는 효과가 있다.

이처럼 심신의 건강을 튼튼하게 하는 효과가 있기 때문에 웃음과 미소를 보약이라고 하는 데는 부족함이 없다.

웃을수록 건강해지고 웃을수록 오래 산다는 의미를 되새겨 본다.

사람의 활동하는 모습과 얼굴의 표정이나 색상은 사람의 건강상태와 감정을 나타내는 표상이다.

얼굴색이 맑고 깨끗하며 표정이 밝고 부드러운 사람은 마음이 좋고 혈액순환이 잘되며 심신이 건강하다는 표시이기도 하다.

그럼으로 웃음과 미소로 심신을 건강하게 함으로써 얼굴 표정은 부드럽고 아름다워지며 당신의 모습은 꽃처럼 예쁘고 마음은 온화하고 친절하게 변화된다.

그리고 심신의 건강은 튼튼해지며 즐겁고 행복한 일상의 환경이 당신 곁을 떠나지 않을 것이다.

즐겁고 기쁜 마음을 빠르게 전달하는 웃음과 미소를 행복바이러스라고도 한다.

행복바이러스는 생명의 산실인 가정을 화목하게 만들며 가족의 사랑을 꽃피우고,

대인관계를 부드럽고 온화하게 만들며 상호 간에 믿음과 신뢰가 쌓이게 만든다.

힘들고 지친 마음의 피로를 풀어 주고 달래 주며 따뜻하고 온화한 환경을 만들어 주는 동력이 바로 웃음과 미소이다.

이처럼 즐겁게 웃는 웃음과 미소는 삶의 질을 향상시키며 일상을 더욱 행복하게 만들고 심신의 건강을 증진시키는 소중한 마음의 보약이다.

편하고 즐겁게 웃을 때는 심신에 유익한 호르몬이 평상시보다 200배가 더 많이 인체에 생성된다고 한다.

이러한 호르몬의 작용과 효과에 의해 매일 1분 동안 즐겁게 웃는 것만으로도 수명이 연장된다는 것이 의학적인 학설이다.

마음이 편하고 즐겁게 웃는 동안에는 고민과 걱정할 시간이 없으며 찾아 왔던 병이 무서워서 달아나게 된다.

웃음과 미소를 지금부터라도 심신의 건강증진과 삶의 질을 높이기 위해서 실천해 보시는 것이 어떻겠습니까?

심신의 건강상태가 변화됨으로써 발생하는 현상을 숙고해 본다.

심신이 연약하면 불안과 두려움으로 마음이 그늘지고 우울하며 부정적이고 성격이 소심해진다.

심신을 건강하게 유지하는 사람은 언제나 긍정적이고 용기와 열정이 따르며 자신감이 키워진다.

때문에 긍정적으로 사고하며 많이 웃고 즐거워하는 사람이 부정적인 사고로 소심하게 걱정하는 사람보다 심신이 더 건강하고 행복한 것이 실

깨닫는 마음의 환희(歡喜)

상이다.

새날의 아침을 열며 긍정적인 마음으로 즐겁게 웃음으로써 하루의 시작은 더 활기 있게 만들어지며 심신을 건강하게 하는 촉매제 역할을 하는 효과는 더욱 커진다.

늘 웃는 바보는 결코 암에 걸리지 않으며 암 환자가 웃음을 자아내는 비디오 영화를 6개월 동안 보며 웃고 즐기는 동안 암이 자연스럽게 치료되었다고도 한다.

이처럼 긍정적인 사고와 웃고 즐기는 마음이 건강에 미치는 영향과 효과는 다양하며 대단히 크다.

웃음바이러스의 특징은 전파력이 강하기 때문에 주위의 누군가가 즐겁게 웃으면 옆에 얼굴을 찡그렸던 사람도 이유 없이 따라서 웃기 시작한다.

그리고 정도의 차이는 있겠지만 주위의 사람들이 함께 웃는 분위기로 환경이 변화된다.

옛부터 즐거운 웃음과 아름다운 미소에는 건강증진과 무병장수의 비결이 담겨 있다고 전해지고 있다.

평소에 부정적이고 소극적이며 소심했던 마음을 긍정적이고 적극적이며 대범하게 변화시켜 주는 역량이 즐겁게 웃고 아름답게 미소 짓는 마음에 잠재하고 있다.

"그대의 마음을 웃음과 기쁨으로 감싸라, 그러면 10,000가지의 해로움을 막아 주고 생명을 연장시켜 줄 것이다. (셰익스피어)"라고 했다.

이처럼 심신의 건강을 증진시키고 생명을 연장시키는 역할까지 하는 웃음을 어찌 보약이라고 아니할 수가 있겠는가!

일상을 살아가며 심신으로 지쳐 있는 자신의 주위를 맴돌며 마음을 힘들게 하는 불안, 불만, 긴장, 근심, 걱정, 불평, 슬픔 등등의 좋지 못한 것을 없애 주며 스트레스를 해소시키는 것이 웃음과 미소라는 것은 의학적으로 증명된 것이다.

즐거운 웃음과 미소는 심신의 건강을 해치는 좋지 못한 부정적인 에너지를 긍정적인 에너지로 변화시키며 마음을 편하고 즐겁게 만들어 줌으로써 건강을 증진시키는 효과가 있다.

그리고 웃음과 미소로 심신을 건강하게 만들고 부정적인 사고를 긍정적인 사고로 변화시키며 주어진 현실에 충실함으로써 추구하는 심신의 건강은 더욱 증진된다.

8-3. 웃음과 미소는 행복(幸福)의 근원(根原)

　진행되고 있는 인공지능(AI) 시대를 살아가는 생명체 중 가장 위대하고 지혜로운 것이 사람이다.

　사람은 만물의 영장으로 군림하면서 웃음과 미소를 가지고 삶을 풍요롭고 행복하게 발전시키며 즐겁게 살아가는 온 누리의 유일한 생명체이다.

　자유롭고 여유로우며 즐겁고 행복하게 삶을 살아가면서도 인간이 추구하는 바람은 다양하다.

　사람이 원하는 다양한 바람을 실현하기 위해 접해지는 환경이 어렵고 힘이 든다 해도 부정적으로 생각하고 판단하는 마음을 갖지 않는 것이 가장 우선되어야 한다.

　아무리 좋은 배움과 생각을 가지고 있다 해도 부정적인 생각을 하는 순간부터 추구하는 것을 포기의 극치로 몰아가는 환경으로 변화된다.

　현재 접해지는 환경이 아무리 힘들고 어렵더라도 마음을 즐겁고 활기차게 변화시켜 주는 웃음과 미소의 마력을 활용함으로써 문제되는 것을 풀어갈 수 있는 기회와 방법이 주어진다.

　때문에 현재의 환경에 지나치게 집착하거나 얽매이며 자신의 마음을 너무 힘들고 지치게 하지 말아야 한다.

　일상을 통하여 즐거운 웃음과 미소가 행복의 근원이 된다는 것을 숙고하며 음미해 본다.

　만물의 영장인 사람만이 즐겁게 누릴 수 있고 일상을 즐겁게 뿐만 아니라 어둡고 우울한 환경을 온화하고 밝게 변화시키는 것이 즐거운 웃음과 미소라는 것을 긍정하는 마음에 만들어지는 가치는 대단히 소중하고 크다.

경직되고 굳어진 생각을 부드럽고 온화하게 만들며 어둡고 그늘진 마음을 편하고 밝게 변화시켜 주는 것이 웃음과 미소이다.

웃음과 미소가 없는 사람에게는 부정적인 사고와 불평불만에 의해 만들어지는 좋지 못한 생각에 의해 마음을 우울하고 힘들게 변화시킴으로 인하여 자신을 괴롭히며 더욱 침울하고 힘들고 어렵게 만드는 원인이 된다.

그리고 웃음과 미소가 없는 마음은 슬픔과 노여움이 따른다.

그러나 웃음과 미소가 함께하는 긍정적인 마음은 언제나 밝고 즐거우며 여유롭고 행복하다.

이처럼 웃음과 미소는 일상을 즐겁게 하며 심신을 건강하고 활기 있게 만들고 행복한 삶을 인도하며 이끌어 주는 멘토이기 때문에 행복의 근원이라 하는 것이다.

마음을 가다듬고 웃음과 미소에 대해 조용히 숙고해 보시라!

인간은 곱고 착한 천성을 지니고 성스럽게 태어난 만물의 영장이다.

만물의 영장으로 살아가며 웃음과 미소를 찬미하고 실천함으로써 만들어지는 현상과 즐거운 환경을 만들기 위한 마음가짐을 짚어본다.

집착과 과거에 너무 얽매이거나 연민으로 고민하지 말고 매사를 긍정적으로 사고하며 웃음과 미소로 환경을 즐겁게 변화시키겠다는 마음을 가진다.

일상을 통하여 만나지는 환경이 어렵고 힘이 들수록 겸손한 마음으로 먼저 웃고 미소 지으며 친절과 이해를 앞세우고 소통하는 너그러운 마음을 가진다.

즐겁게 마음껏 웃고 미소 지음으로써 즐겁고 행복한 삶이 창조된다는 확신을 가지고 긍정적인 사고로 배우고 익히며 성숙한 인품을 키운다.

깨닫는 마음의 환희(歡喜)

거울이라는 것은 일상을 통하여 수시로 자신의 모습을 비보고 가다듬기 위해 사용하는 필요한 생활 도구이다.

그리고 거울 속에 비친 몸가짐과 얼굴 표정은 다른 사람이 아닌 바로 자신의 모습이다.

지금 거울에 당신 모습을 비춰 보고 있다면 거울에 비친 당신의 모습이 어떠요!

웃고 있나요, 아름답게 미소 짓고 있나요, 찡그리고 있나요, 화난 모습인가요!

자신의 모습이 어둡고 우울해 보입니까, 즐겁고 밝아 보입니까?

힘이 있고 활기 있어 보입니까, 힘이 없고 환자처럼 보입니까!

멋져 보입니까, 모자라 보입니까, 행복해 보입니까!

거울에 비춰진 모습은 바로 당신 자신이며 현재 자신이 존재하고 있는 환경이며 자신의 실상이다.

그렇다면 당신은 어떤 모습이 거울에 비춰지기를 원하시나요!

거울에 비춰진 모습은 당신의 생각과 마음에 의해 만들어진 모습이며 표정도 당신의 선택과 결정에 의해 만들어진 것이다.

거울에 비춰진 당신의 모습이 멋있고, 편하고, 즐겁고, 여유롭고, 행복해 보이는 것을 바라는 것은 모두의 바람일 것이다.

거울에 비춰지는 모습은 당신이 먼저 즐겁게 웃고 미소 지으며 예쁜 모습을 가져야 거울속의 당신도 미소 짓고 웃으며 즐겁고 예쁘게 비춰지게 되는 것이 이치이다.

거울에 비춰지는 현상은 주어지는 환경에 대해 조금도 변함없이 있는 그대로의 자신의 모습이다.

일상을 통하여 삶에 주어지는 환경에 의해 다양하게 변화되는 현상과 미치는 영향을 숙고해 본다.

오늘이 가면 내일이 오늘을 대신하며 힘들고 고던 하루의 휴식을 풀고 잠에서 깨어나면 새날의 아침이 기다리고 있는 것이 변함없이 주어지는 환경이며 현실이다.

날씨가 흐렸다 맑아지기도 하고 바람이 없다가 몰아치기도 하는 것이 자연의 실상이다.

모진 추위를 며 피어나는 눈 속의 매화꽃이 온실속의 꽃보다 더 아름답다고 더욱 향기로운 것처럼 어렵고 힘든 고통과 역경을 극복하며 견뎌온 날들이 더 아름답고 가치가 있으며 마음을 더욱 강인하게 만들고 인품을 성숙하게 키워 준다.

그리고 어려운 역경을 참고 견디며 시련을 겪은 만큼의 소중한 가치가 만들어지며 불행을 겪은 만큼 행복의 소중함을 느끼는 마음은 더 크고 아름다우며 소중한 가치다.

이러한 현상과 이치처럼 행복한 감정을 만드는 사람의 마음과 인품도 마찬가지이다.

추구하는 행복한 환경을 만들기 위해서는 배우고 익힌 성숙한 인품으로 현실에 충실하며 웃음과 미소로 접해지는 환경을 즐겁게 만드는 것이 최상의 방법이며 지혜이다.

접해지는 현재의 환경을 포용하며 웃음과 미소로 현실을 아우르면 우울하고 힘들었던 아픈 마음이 편하고 즐겁게 변화된다.

즐거운 웃음과 미소는 어렵고 힘든 환경을 즐겁게 변화시키며 부정적인 사고를 긍정적인 사고로 변화시키고 온화한 마음과 성숙한 인품을 키

깨닫는 마음의 환희(歡喜)

며 행복을 만드는 근원이다.

사람이 살아가며 원하는 복 중에서 가장 바라고 추구하는 복이 행복이다.

웃음과 함께 세상을 살아가는 사람은 매사가 긍정적이고 겸손하며 온화하고 친절한 성품의 소유자이다.

마음이 착하고 겸손한 사람을 만나면 만날수록 존경심과 친밀감이 마음에 동하며 따뜻하고 끈끈한 인간의 정을 느낀다.

그리고 함께 웃고 즐기며 대화를 나누고 싶어지며 마음이 편하고 즐거워진다.

즐거운 웃음과 미소는 마음이 즐겁고 행복해질 수 있는 환경을 만들어 주는 근원이다.

이처럼 즐거운 웃음과 미소는 행복을 만들어 주는 소중한 무형의 도구이며 힘들고 어렵고 고달픈 심신을 편하고 즐겁게 변화시는 원천이다.

마음으로 느끼지 못하고 즐겁게 누리지 못하는 행복이 어디에 필요한 것인 가요!

세상을 살아가며 즐겁게 웃는 웃음이 없으면 즐거움도 행복도 마음에서 멀어지기 시작한다.

마음이 그늘지고 우울하면 부정적인 생각의 지배를 받게 되며 불행을 만드는 원인이 된다는 것을 깨닫고 뉘우치며 자신의 마음가짐을 돌아본다.

인생길 가면 서로 만나 즐겁게 웃기도 하고 슬프게 울기도 하며 화를 내고 다투기도 하는 것이 기나긴 인생의 여로이다.

심신의 건강과 마음을 즐겁게 아우르는 웃음과 미소가 있는 곳에는 한탄과 한숨소리 대신 기쁘고 즐거운 감정이 자리하며, 접해지는 환경을 온화하고 즐겁게 변화시키는 뿌리이다.

뜻이 맞지 않아 서로 질시하며 다투어 보아야 승자도 없이 마음 아픈 상처만 가슴에 남기고 후회하며 때로는 잘못됨을 깨닫고 뉘우치기도 하는 것이 사람의 심성이다.

착하고 선하며 정의로운 마음이 자리한 곳에 착하고 선하며 정의로운 것이 숨 쉬며 움직이고 활동하게 되는 것이 이치이다.

그럼으로 사람의 착한 천성을 앞세우고 웃음과 미소로 노여움과 격한 감정을 다독일 수 있도록 겸손한 마음으로 앙천대소(仰天大笑)하며 즐겁게 소리 내어 웃어 보시라!

아무리 노엽고 격하게 화가 나도 앙천대소함으로써 부드럽고 온화하게 변화되는 것이 사람의 마음이며 감정이다.

즐겁게 웃는 웃음과 미소는 불편하고 화나며 격했던 마음을 온화하고 부드럽게 변화시키고 질시와 다툼을 화해하는 환경으로 만들어 주며 문제된 것을 자연스럽게 풀다.

실수나 실패를 경험하며 터득한 앎에 의해 변화되는 환경과 만들어지는 현상을 숙고해 본다.

달리기 경주를 하던 선수가 실수로 넘어질 수도 있는 것이 경기를 하는 선수들이 경험하는 실상이다.

그러나 경기를 하다가 실수로 넘어졌을 때 포기하지 않고 다시 일어나 달릴 수 있는 사람에게 더 많은 박수와 응원을 보내는 것 또한 약자에게 배려하는 자연스런 인간의 착한 심성이다.

넘어져본 사람이 넘어짐의 아픔과 다시 일어나 달릴 수 있는 방법을 더 잘 알 수 있을 것이다.

실패해 본 사람이 실패와 역경의 아픔을 더 잘 알며, 재기할 수 있는 방

깨닫는 마음의 환희(歡喜)

법과 재기에 의한 즐거움을 더 많이 가질 수 있는 것이 경험에 의해 익혀지는 배움이며 지식이다.

원하는 것이 뜻대로 되지 않았을 때 포기하지 않고 재기하는 어려움과 역경을 딛고 도전하는 강인한 마음을 가짐으로써 더 좋은 기회가 주어지는 것이 이치이다.

역경을 딛고 포기하지 않는 자에게는 실패가 끝이 아니고 다시 시작하는 소중한 기회이며 희망이고 새로운 출발점이 된다.

이러한 현상을 포용하며 즐거운 웃음과 미소의 마력을 깨닫고 뉘우치는 강인한 마음을 가짐으로써 시련과 역경에 지배당하지 않고 즐겁고 행복하게 살아갈 수 있는 길이 열린다.

좌절하지 않고 준비하며 도전하는 자에게 주어지는 기회는 하늘의 축복이며 신이 주신 소중한 선물이다.

하늘은 스스로 돕는 자를 도우며 인간이 감당하지 못하는 시련과 고통을 주지 않는다는 성경말씀을 믿고 확신하며 마음에 새긴다.

하늘을 보고 저에게 기회와 행복을 달라고 소리쳐 봐도 아무런 소용이 없다.

기회와 행복은 즐거운 마음으로 준비하고 실천하는 자에게 주어지는 하늘의 선물이라는 것을 깨닫고 뉘우치며 현실에 충실하고 강인하게 실천하는 마음에 잠재해 있다.

소문만복래(笑門萬福來)의 의미처럼 웃음은 만복을 불러들이고 추구하는 복과 덕이 쌓이며 행복을 만드는 근원이다.

그리고 즐거운 웃음과 아름다운 미소를 가지고 있는 사람에게는 고통, 좌절, 한탄, 실패, 분노, 노여움, 질시 등과 같은 것이 마음에 자리하지 못한다.

그럼으로 즐거운 웃음과 미소로 긍정적인 생각을 아우르는 사람은 언제나 마음이 편하고 여유로우며 부정적인 사고와 불평불만이 마음에 자리하지 않는다.

마음이 우울하면 우울할수록 부정적인 늪으로 빠지기 쉬움으로 이러한 환경이 접해질수록 즐겁고 호탕하게 웃고 즐기는 마음을 가져야 한다.

사람이 호탕하게 웃는 순간부터 자신도 모르게 불안함과 초조함이 없어지고 마음이 편하고 여유롭게 변하며 즐거운 감정이 만들어지는 것이 사람의 생각과 마음의 흐름이다.

마음을 움직이는 것이 생각이기 때문에 부정적인 사고로 자신을 무심코 폄하하거나 불행하다고 생각하는 것은 가장 경계하고 조심해야 한다.

불편한 마음을 변화시키고 치유하는 것이 호탕하고 즐겁게 마음까지 웃는 웃음이다.

사람이 살아가며 분노와 화를 억제하고 슬픔을 버려야 하는 이유는 당신의 삶의 어디에도 필요 없는 쓰레기며 골치 아픈 폐기물이 되기 때문이다.

웃음과 미소는 분노와 슬픈 감정을 치료하는 명약이며 고난과 역경으로 힘들어하는 마음을 지배하며 보듬어 주는 역량과 능력이 있다.

화난 얼굴은 잘 아는 사람의 얼굴이라도 낯설게 보이고 즐겁게 웃는 얼굴은 잘 모르는 사람이라도 낯설지 않고 잘 아는 사람처럼 친밀감이 느껴진다.

이처럼 같은 사람이라도 즐겁게 웃는 모습과 화난 얼굴의 이미지는 크게 다르며 미치는 영향도 크게 달라진다.

사람을 가장 아름답고 예쁜 모습으로 변화시키는 것이 즐겁게 웃는 웃

깨닫는 마음의 환희(歡喜)

음과 미소라는 것을 항상 마음에 새기며 실천할 때 당신의 인품은 더욱 성숙되며 위상은 높고 멋있게 변화된다.

심신의 건강을 향상시키며 지치고 힘든 마음의 피로를 풀어 주고 삶의 환경을 화목하고 즐겁게 만드는 즐거운 웃음과 아름다운 미소는 행복의 근원이다.

깨닫는 마음의
환희(歡喜)

ⓒ 류일형, 2023

초판 1쇄 발행 2023년 5월 1일

지은이   류일형
펴낸이   이기봉
편집   좋은땅 편집팀
펴낸곳   도서출판 좋은땅
주소   서울특별시 마포구 양화로12길 26 지월드빌딩 (서교동 395-7)
전화   02)374-8616~7
팩스   02)374-8614
이메일   gworldbook@naver.com
홈페이지   www.g-world.co.kr

ISBN   979-11-388-1874-2 (03230)